Ulrike Kielnhofer-Schultze · Lutz R. Schultze · Gerhard Bolz

Zwischen Tag und Traum

Ulrike Kielnhofer-Schultze · Lutz R. Schultze · Gerhard Bolz

Zwischen Tag und Traum

Ottweiler Druckerei und Verlag GmbH

Impressum

Texte: Ulrike Kielnhofer-Schultze, Lutz R. Schultze
Fotos: Gerhard Bolz
Herausgeber und Verlag:
Ottweiler Druckerei und Verlag GmbH, Sauermilchstraße 14, 66564 Ottweiler

Copyright © 1993 by Ottweiler Druckerei und Verlag GmbH
Satz, Druck und Verarbeitung:
Ottweiler Druckerei und Verlag GmbH
Vertrieb: Michel-Verlag GmbH,
Gäßling 11, 66564 Ottweiler, Tel. (0 68 24) 64 25, Fax (0 68 24) 62 64
Nachdruck – auch auszugsweise – nur mit Genehmigung des Verlages
ISBN-Nr.: 3-923755-38-4

Vorwort

Sie hinterläßt Spuren in der Kunstlandschaft St. Wendels und weit darüber hinaus. Wieder macht Ulrike Kielnhofer-Schultze mit einer Publikation auf sich aufmerksam, die den Menschen anrührt, die ihn aufrüttelt, über die eigentlichen Werte und Aufgaben des Lebens nachzudenken. Wie schon in „Auf der Suche" und „Hinterlassene Spuren" tritt in diesem neuen Werk der Schriftstellerin die Seele dreier Menschen, die sich gegenseitig ergänzen, „Zwischen Tag und Traum" in den Vordergrund. Die ernsten, anrührenden Texte von Lutz R. Schultze und die Fotos von Gerhard Bolz ergänzen dieses Buch zu einem Kleinod für besinnliche Mußestunden.

Klaus Bouillon
Bürgermeister der Kreisstadt St. Wendel

Zwischen Tag und Traum

Wenn die Nacht
den Tag berührt –
Frieden ringsum
spürbar wird,
schenke ich
meinen Gedanken
Freiheit –
gewähre ihnen
Zeit und Raum.
Ich liebe
diese stillen Stunden
zwischen
Tag und Traum,
die gedankenschwer
Zeit und Raum
verlassen.

Letztendlich

Träumen
heißt
Dinge sehen,
die vielen
verborgen bleiben. –
Träumen
heißt auch,
etwas erreichen,
was
letztendlich
Wirklichkeit ist.

Zwischen den Zeiten

Ich bin bei dir
zu Hause –
und doch
ohne Heimat. –
Ich möchte
bis zum Ende
unserer Tage
die Freiheit
besitzen –
zwischen den Zeiten
zu leben. –

Mein Ziel kennen...

Ich möchte
ein Reisender
am Himmel sein –
über den Wolken
meine Freiheit finden –
mein Ziel kennen –
und doch
niemals
dort ankommen. –

Totentanz am Horizont

Im Blätterspiel
des Windes
verlieren sich
meine Träume.
Nicht ausgelebte Dinge
werden wach –
nehmen Gestalt an –
und tanzen
ihren Totentanz
am Horizont.

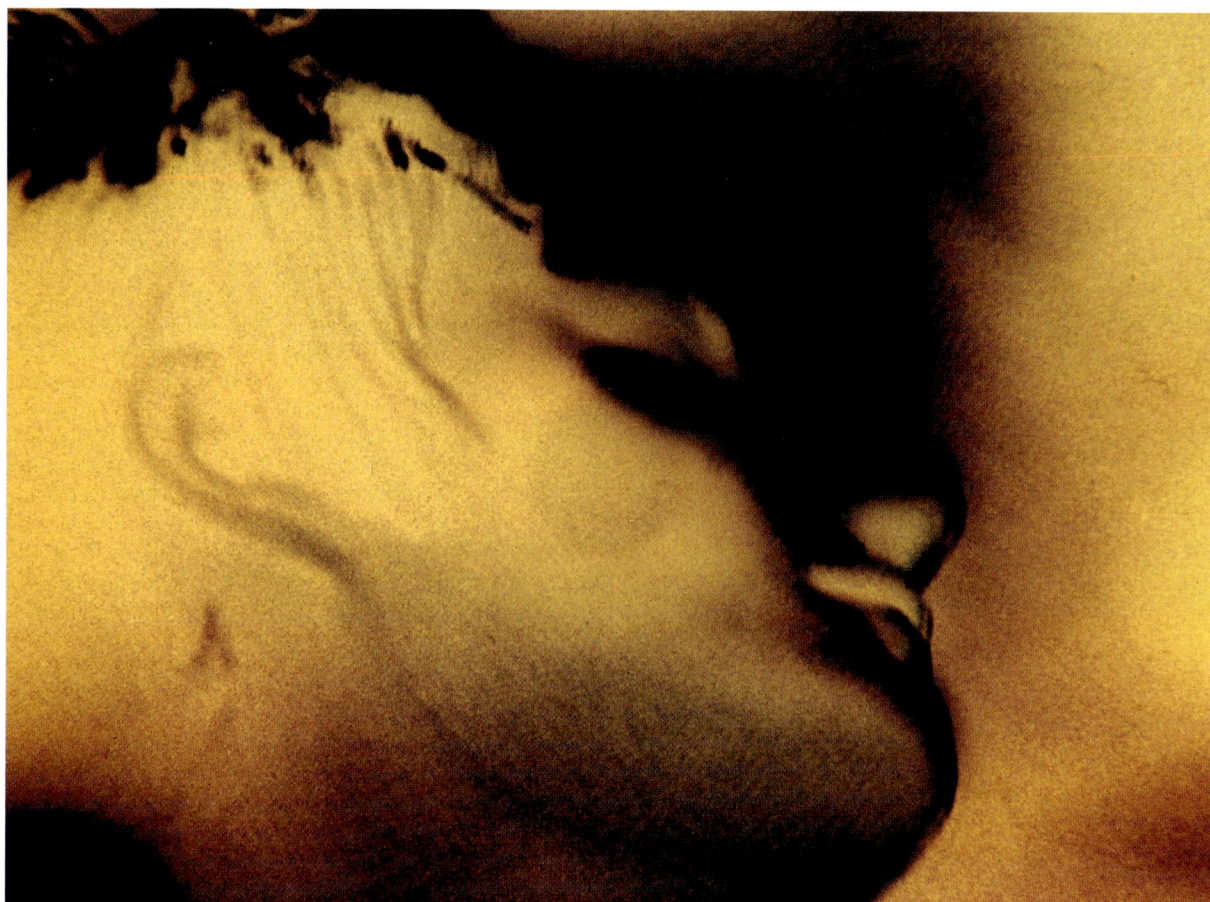

Nie mehr zurück

Bleiben –
wo Stillstand ist. –
Sich treiben lassen –
und nichts bereuen. –
Einfach
in dem Gefühl
ruhen,
daß es kein Zurück
gibt. –
Bleiben können –
ohne
stehen zu bleiben. –

Schweigen

Keine Worte mehr,
die uns einander
näher bringen –
keine einzige Geste,
die zeigen könnte,
daß wir einmal
miteinander
verbunden waren.
Der Vorhang
auf unserer Bühne
ist
endgültig gefallen.

Zum Schluß

Wir wollten
so vieles
erreichen –
gemeinsam
neues Land
entdecken. –
Wir wollten
alles
begreifen und verstehen. –
Zum Schluß
haben wir
nicht einmal mehr
uns
verstanden. –

Ganz einfach

Wie einfach
wäre das Leben,
wenn man es ohne Zwänge
leben könnte.
Ich lasse mir
keine mehr
auferlegen –
und auf einmal
ist das Leben
ganz einfach.

Fest in der Hand

Ich wollte festhalten –
was nicht zu halten war.
Ich mußte lernen –
loszulassen. –
Und auf einmal
hatte ich das,
worum ich so krampfhaft
bemüht war –
fest in der Hand –
mich selbst.

Schalter geschlossen

Ich bin keine Gepäckaufbewahrung,
bei der man
Tag und Nacht
bequem
seine Lasten
los werden kann.
Wenn du das anders siehst,
findest du bald
das Schild
„Schalter geschlossen"
an meiner Tür.

LSD

Standhaft

Den Zeitpunkt,
deine Gefühle
bei mir
zu deponieren,
den hast du verpaßt.
Ich habe gelernt,
gegen Gefühle,
die nicht aufrichtig sind,
standhaft zu bleiben.

Licht

Wenn es sich
ringsum verdunkelt,
dann zaubere
mit deinem Lächeln
ein wenig
Licht
in mein Leben.

Zufrieden sein

Im Regen
auf Sonne hoffen –
im Sturm des Lebens
bei dir
Halt finden –
im Morgengrauen
deinen ruhigen Atem
neben mir hören.
Zufrieden sein,
mit dem,
was ist.

Begegnung mit dem Leben

Du hast
aus der engen
Einbahnstraße
meines Lebens
einen lebendigen Platz
der Begegnung
gemacht.
Der Begegnung
mit dem Leben –
mit dir.

LSD

Undenkbar

Du hast dir
nie die Mühe gemacht,
einen Blick
hinter die Fassade
zu werfen –
du warst
mit der Schale
zufrieden. –
Undenkbar,
was passiert wäre –
wenn du je
auf den Kern
getroffen wärst. –

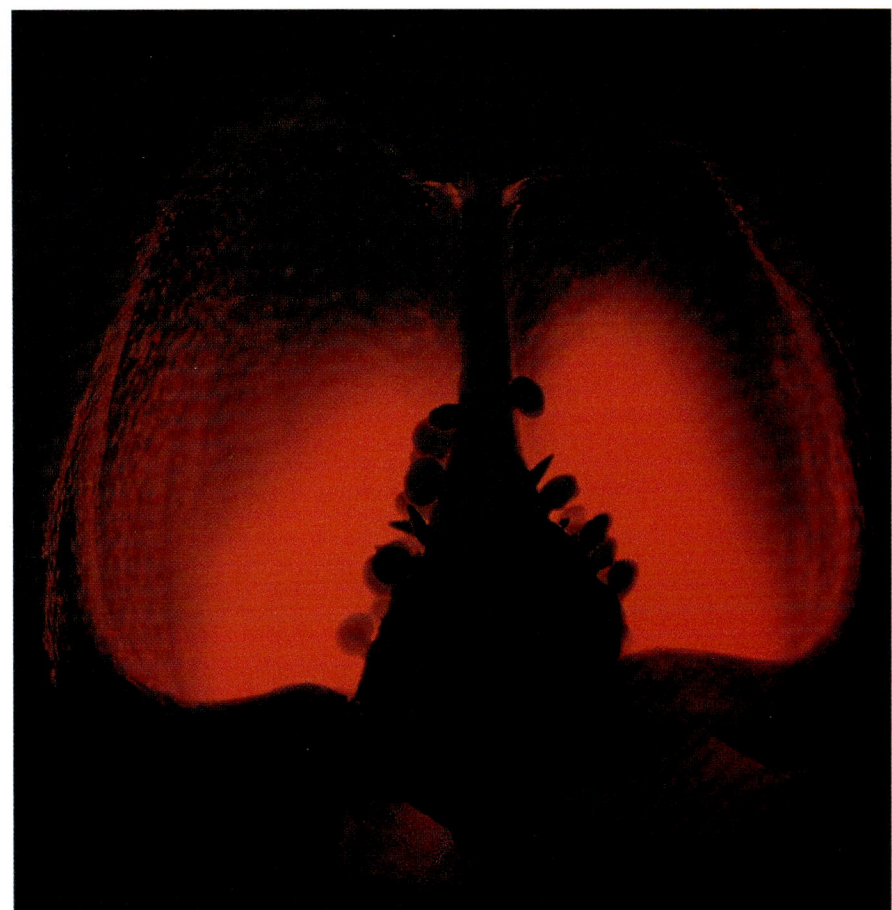

Ohne Blockade

Ich habe
meine Brücken
nie
hinter mir
abgebrochen –
und nicht
alles vergessen,
was war.
So habe ich
immer
ohne Blockade –
Zugang zum Gestern.

Erfahrungen

Erfahrungen sammeln,
heißt lernen,
mit Niederlagen
umzugehen. –
Du warst
eine Erfahrung
auf dem Weg
zum Ich. –

Nicht mehr auf der Suche

Ich gehe
gerade aus –
nehme keine
Abkürzungen
und
Umleitungen
mehr in Kauf. –
Ich suche nicht mehr
nach neuen Wegen –
ich gehe meinen eigenen. –

Tausend Wege

Du kannst
tausend Wege
gehen –
doch nur
ein einziger
führt dich
zum Ziel. –

Umwege

Umwege
sind die Zeit,
die wir brauchen,
um unseren Weg
zu verstehen.

LSD

Sehnsucht

Dort
möchte ich sein,
wo die Sonne
den Horizont berührt –
die schwarzen Wolken
hinter mir wissen –
und mit dir
einen neuen Tag
erleben –
ein neues Leben
beginnen –
dort,
wo die Sonne
den Horizont berührt.

LSD

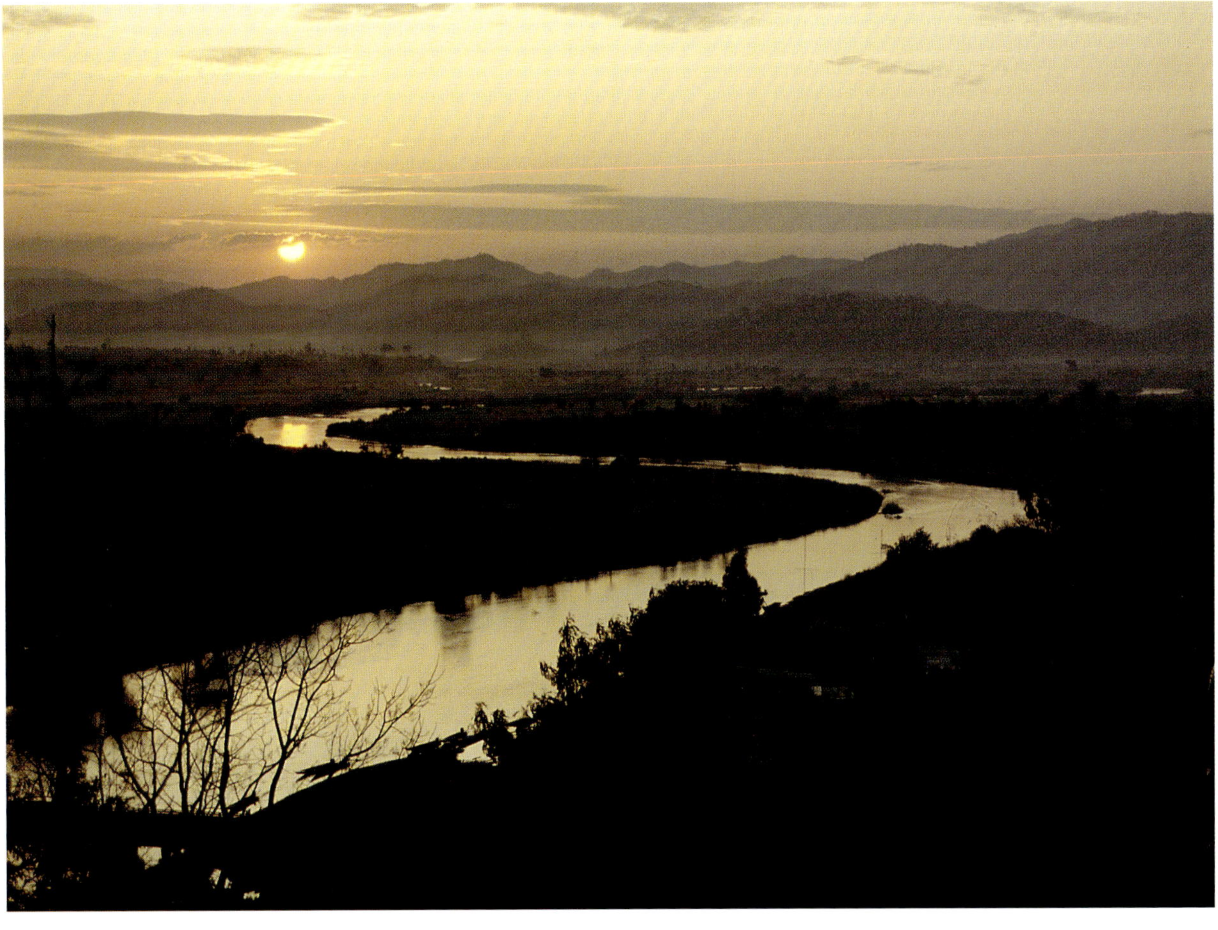

Dann nimm mich mit

Solltest du
je
auf den Gedanken kommen –
zu gehen –
dann
bitte ich dich:
nimm mich mit!

LSD

Überall

Meine Seele
ist dort zu Hause,
wo es keine Grenzen gibt.
Ich lasse ihr die Freiheit,
sich dort aufzuhalten –
wo keine Mauern
sie von mir trennen.
Ich bin
überall zu Hause.

Breit gefächert

Manchmal
ist das Leben
so breit gefächert,
daß es für mich
nicht zu erfassen ist.
Wie ein Kartenspiel
läuft es durch meine Hände
und augenzwinkernd
schüttelt es
dann und wann
ein As aus dem Ärmel –
ganz alleine
für mich.

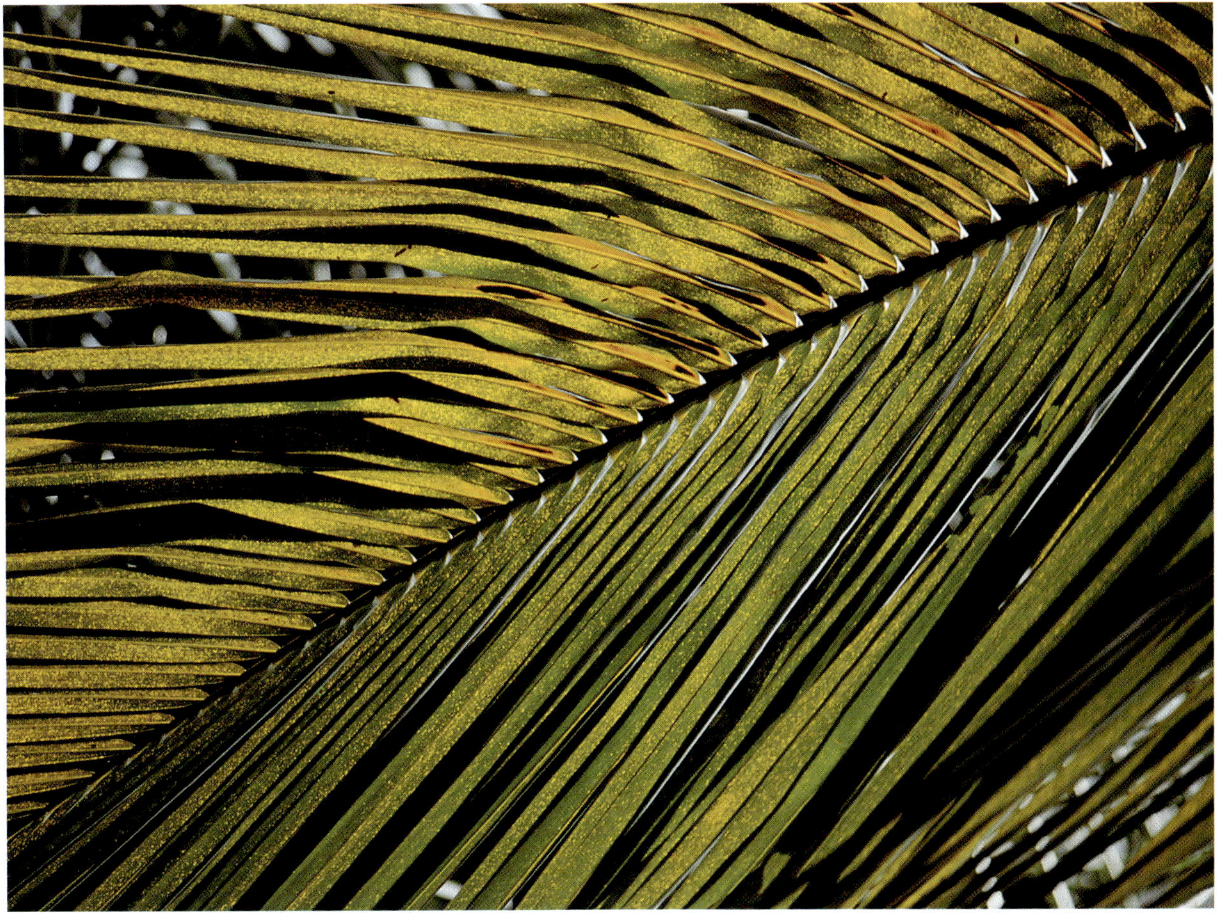

Absprung

Manchmal
hingen meine Gefühle
wie am Trapez —
voll und ganz
in der Luft
und fanden
keinen
festen Boden.
Sie haben den Absprung
geschafft —
denn du
solltest nie
zum Seilakt
meiner Gefühle
werden. —

So oder so
(Für LSD)

Ich weiß,
du wirst
einmal
mein Schicksal
werden. –
So oder so.

Gewaltig

Wie ein Feuerwerk
kamst Du
in meine Welt –
und hast mein Leben
gewaltig
verändert.
Und ich
dachte schon,
ich hätte
alles erlebt – und –
hinter mir.

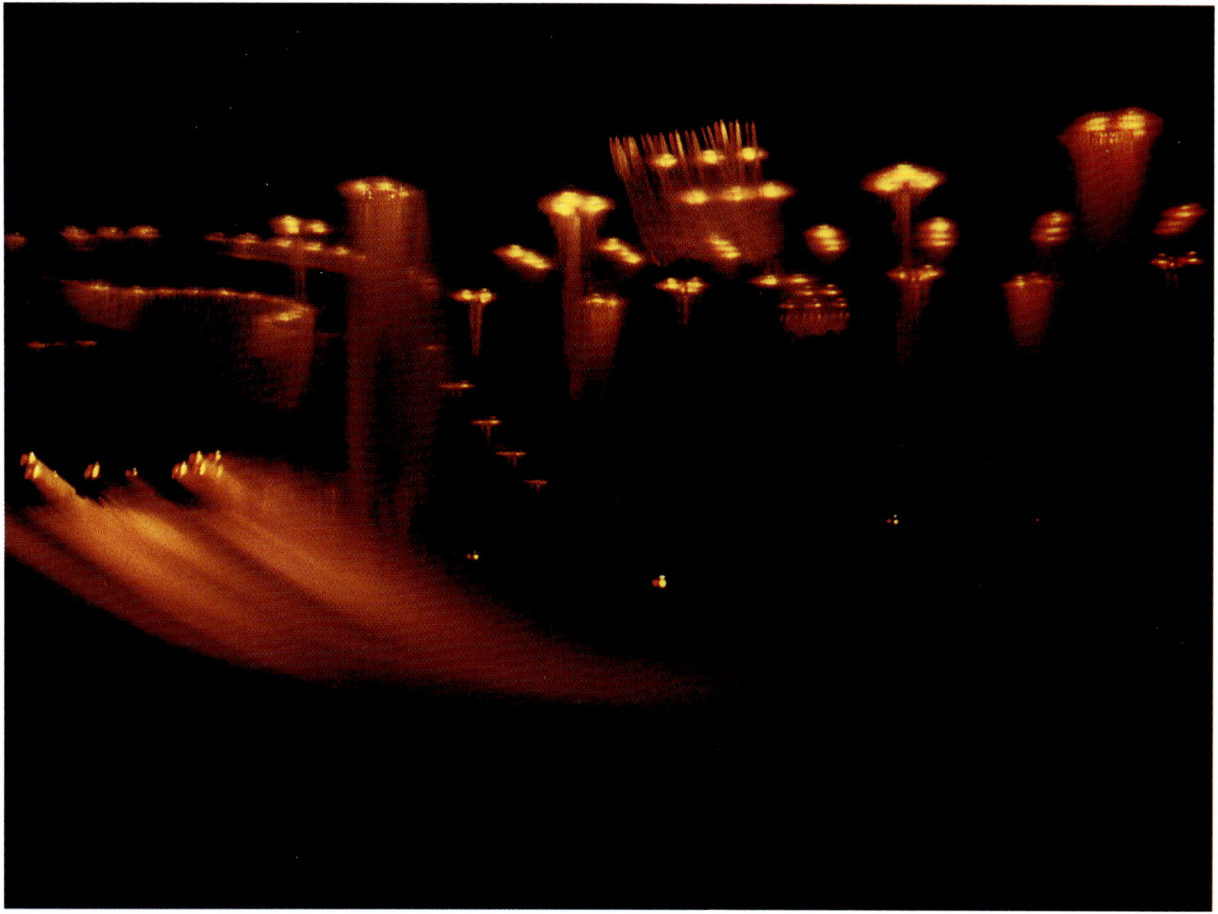

Schon vergessen?

Solltest du
je in die Lage kommen,
an einer Expedition
in das Weltall
teilzunehmen –
dann vergiß nicht:
du hattest einmal versprochen,
mir die Sterne
vom Himmel zu holen.

LSD

Lichtpunkte

Tausend
leuchtende Punkte,
miteinander
und untereinander
verbunden,
erinnern mich
an uns Menschen:
Wir sind auch
Lichtpunkte
im Universum,
die nur gemeinsam
das Dunkel
der Einsamkeit
durchdringen können.

LSD

Gutes Land

Meinen Träumen
verleihe ich
ab und an
Flügel –
damit sie
unangefochten
in ein Land
gelangen,
das nur mir
gehört.
Ein Stück meiner Seele. –
Gutes Land,
auf dem sich
meine Träume
niederlassen
und sich ausleben
dürfen.

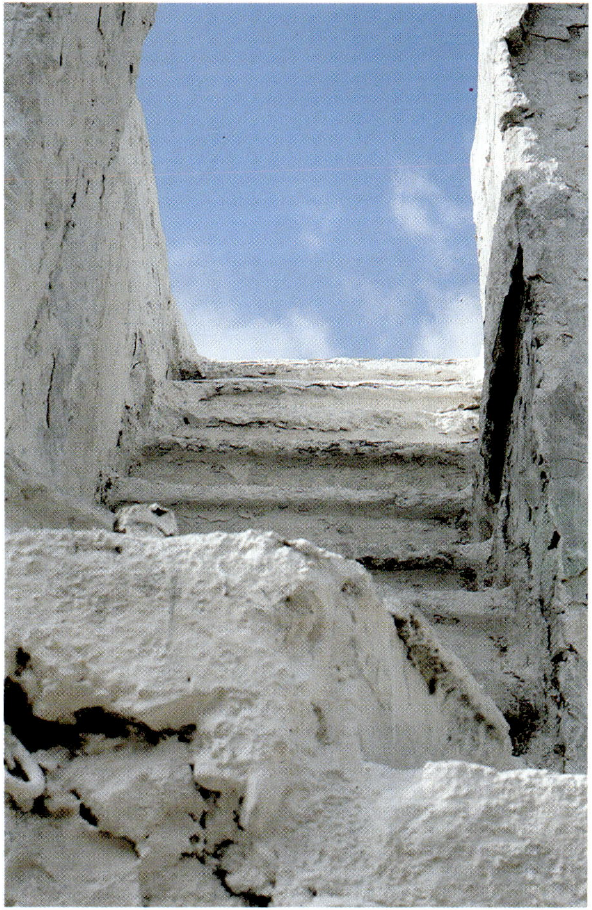

Am Ende

Am Ende der Autobahn,
am Ende der ausgebauten Straßen,
auf dem Kopfsteinpflaster
deines Weges
zeigt es sich,
ob du wirklich gelernt hast,
am Ende
zu leben.

LSD

Nichts ist für immer

Das Glück
ist vergänglich –
die Liebe
wandelbar.
Den Augenblick
leben,
begreifen.
Nichts
ist für immer.

Am Ende des Regenbogens

Am Ende des Regenbogens
werden wir
Hand in Hand
durch unsere Träume
schlendern –
und werden die Grenzen,
die uns gesetzt waren –
mühelos überschreiten.
Am Ende des Regenbogens
werden wir uns
wieder begegnen –
und unsere verlorenen Träume
einfangen.

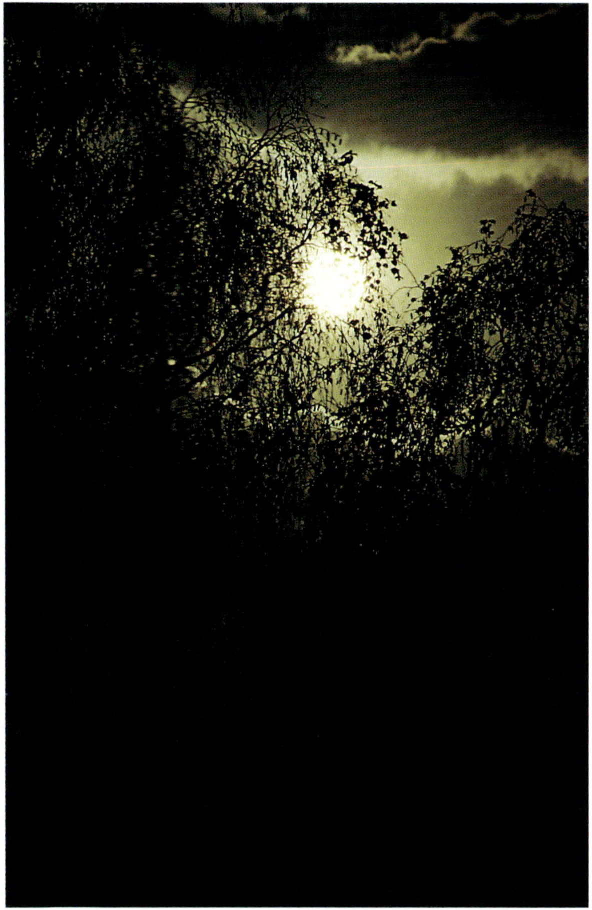

Wirklichkeit?

Manchmal,
wenn ich die Augen schließe,
bis auf einen kleinen Spalt,
sehe ich die Welt –
unsere Welt –
in einem ganz anderen Licht.
Unwirklich,
fast gespenstisch.
Und ich frage mich dann:
sind das
unrealistische Visionen
oder nicht doch
eine andere Art
der Wirklichkeit
dieser Welt?

LSD

Nur ein Traum?

War es ein Traum?
Ich sah die Welt
wie
im Blitzlicht
einer Atomexplosion:
Farben,
die ich nie gesehen –
Gefühle,
die ich nie erlebt –
Gedanken,
die ich mir nie gemacht!
Eine Sekunde nur –
eine Ewigkeit lang.
Genug,
die Welt
mit neuen Augen
zu sehen!

LSD

Sturmtief

Was ist das
für eine Art
von Liebe,
die beim geringsten
Lufthauch
weggeweht wird?
Wie reagierst du,
wenn ein
Sturmtief
angesagt ist?

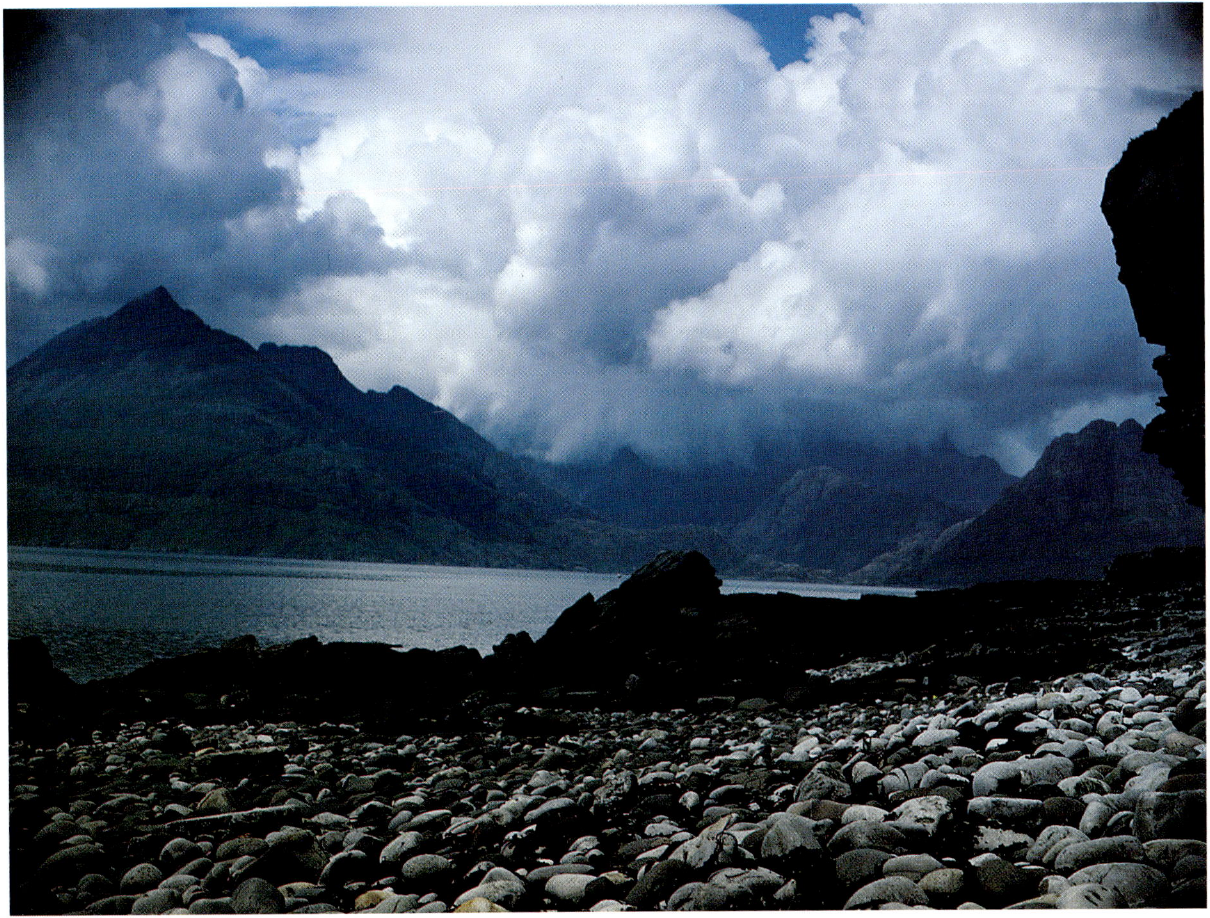

Chaotisches Leben

Du bringst
mit sanfter Hand
Ordnung –
in mein chaotisches Leben,
das Zigeunern gleich
mal hier –
mal da
zu Hause war.
Du läßt mich
trotzdem –
lächelnd
neue Fehler machen –
jeden Tag. –

Torero zurück!
(Für U. K. W.: Weißt du noch?)

Der Torero
ist wieder da –
er hat
seine Kampfpause beendet,
seine Muleta genommen.
Jetzt erst
lebt er wieder –
atmet er wieder.
Mit ihm
ist wieder zu rechnen.
Jetzt erst
ist er frei.
Willkommen
in der Arena –
Torero.

LSD

Unbeugsam

Biegsam sein,
hat nichts
mit beugen
zu tun. –
Ich kann dich
lieben
und trotzdem
unbeugsam –
ich selbst
sein. –

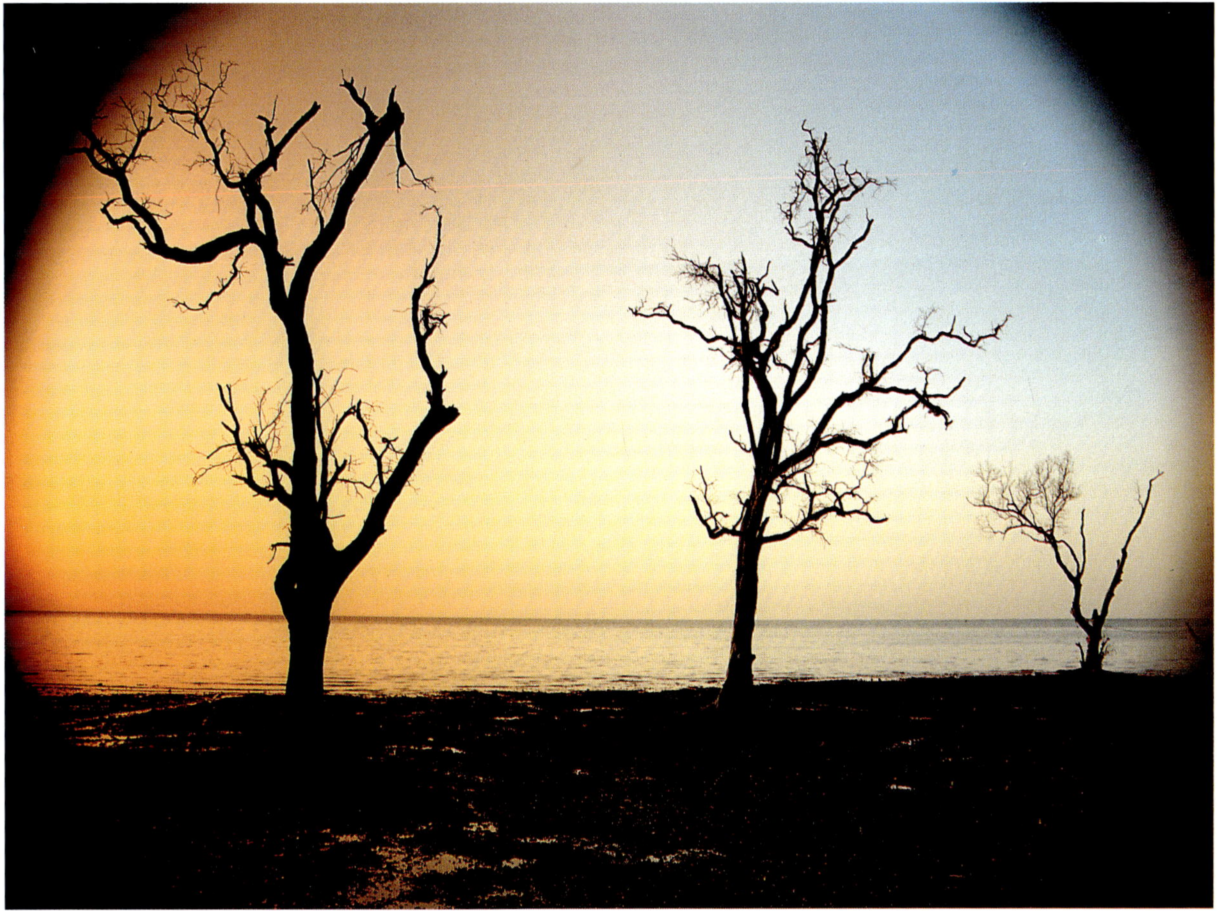

Neu sortiert

Von unseren Träumen
ist keiner
wahr geworden –
und mit Gefühlskälte
decken wir
die Vergangenheit zu.
Ich habe
mein Leben
neu sortiert –
es nimmt wieder
Farben
und Wärme an.
Mich friert nicht mehr,
bei dem Gedanken
an dich.

Begegnungen

Viele Menschen
begegnen sich
wie zwei Züge:
ohne Haltesignal
rasend schnell
aneinander vorbei
und bleiben dann –
jeder für sich –
allein auf der Strecke.

LSD

Zum Angriff

Ich werde
die Antennen ausfahren
und zum Angriff
übergehen,
wenn du
jemand
schöne Augen machst,
denn
ein k. o.
in der ersten Runde
hat noch niemand
geschadet.

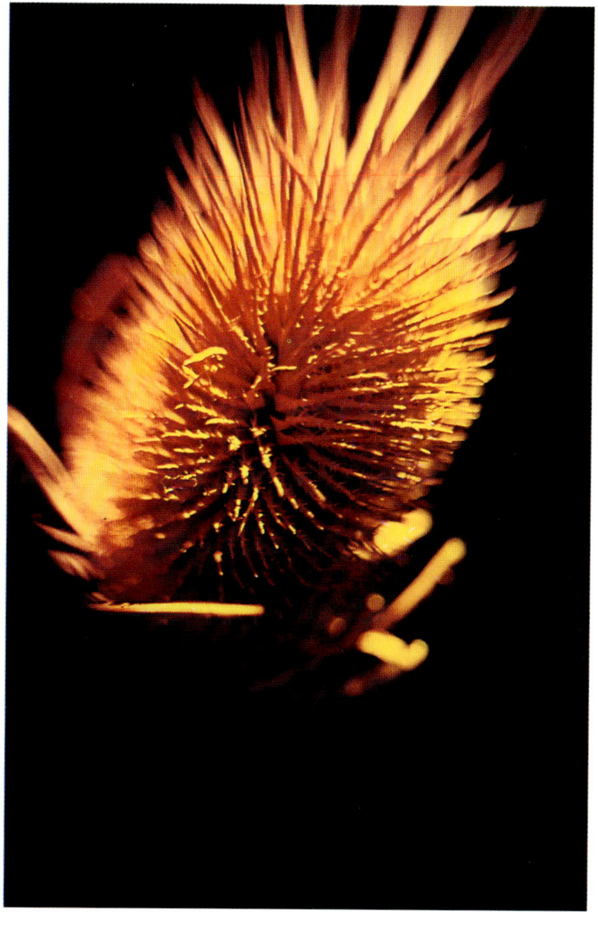

Einsturzgefahr

Vor deine Liebe
stelle ich ein Schild:
Einsturzgefahr!
Wenn meine Gefühle
schon erschlagen wurden,
möchte ich
wenigstens
die Nachwelt
vor dir warnen.

Schaltzentrale

Mich wollte man
formen –
an Ketten legen –
vorprogrammieren. –
Ich bin kein
Computer,
der sich
per Knopfdruck
vor den Massen
beugt. –
Bei mir
funktioniert
die „Schaltzentrale"
nur
wenn ich will.

Straff gespannt

Ich vergleiche
mein Leben
mit einer Hängematte –
nie ganz oben –
nie ganz unten.
Die Seile
straff gespannt
um loses Netz –
und fest verankert
in dir.

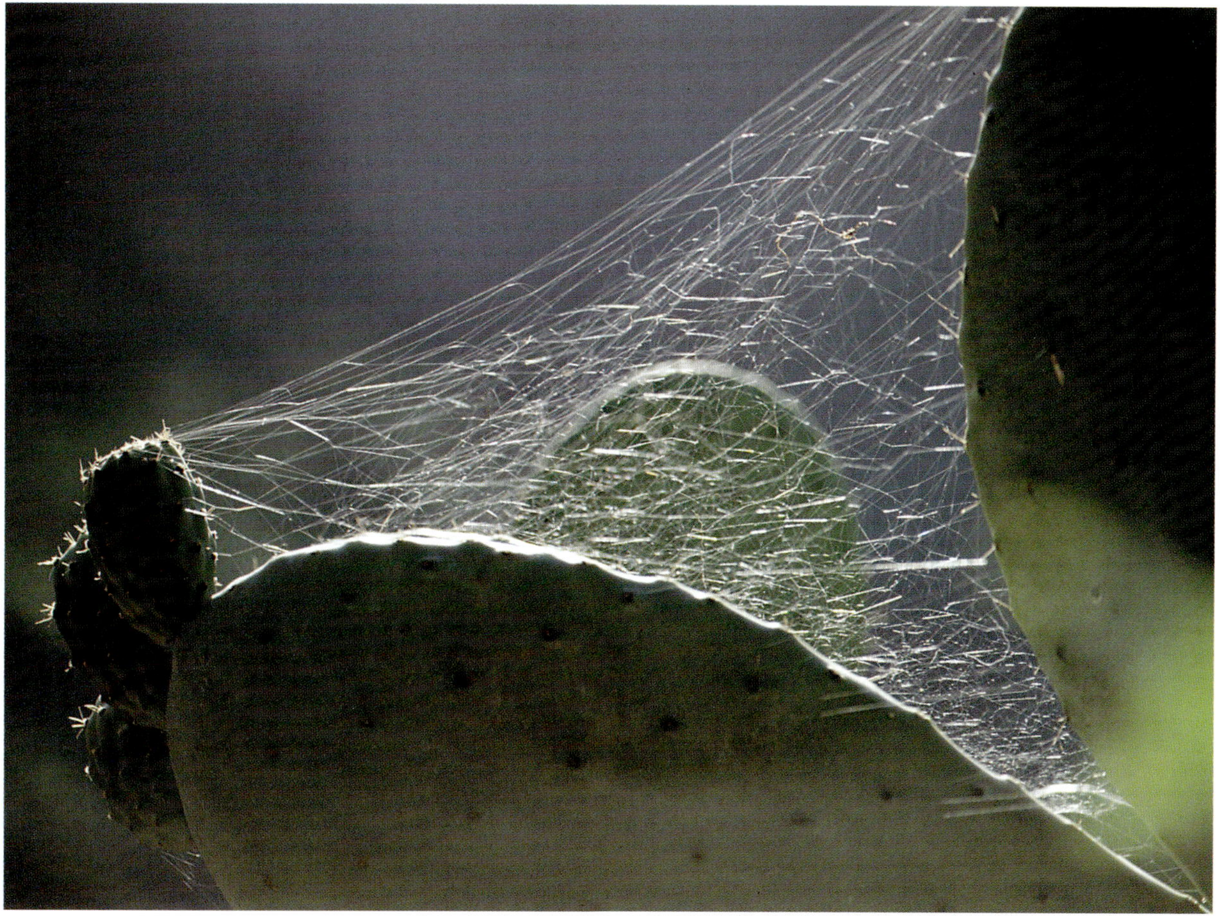

Träumereien

Wir spinnen
Träume –
und leben
in der Hoffnung,
diese Träumereien
in der Liebe
zu finden –
und zu verwirklichen. –
In der Liebe,
die der Anfang
allen Werdens ist. –
Ein immerwährender
Neubeginn. –

Wieder zurück?

Du fragst mich:
möchtest du
nicht vielleicht doch
wieder zurück?
Und ich frage dich:
wohin zurück?
Das Gestern
existiert für mich
nur noch
im Fotoalbum.

LSD

Stillstand

Nicht die Zeit
ist es,
die uns weitertreibt –
eher der
Stillstand,
der ab und zu
eintritt,
um über sich
und sein Leben
nachzudenken.

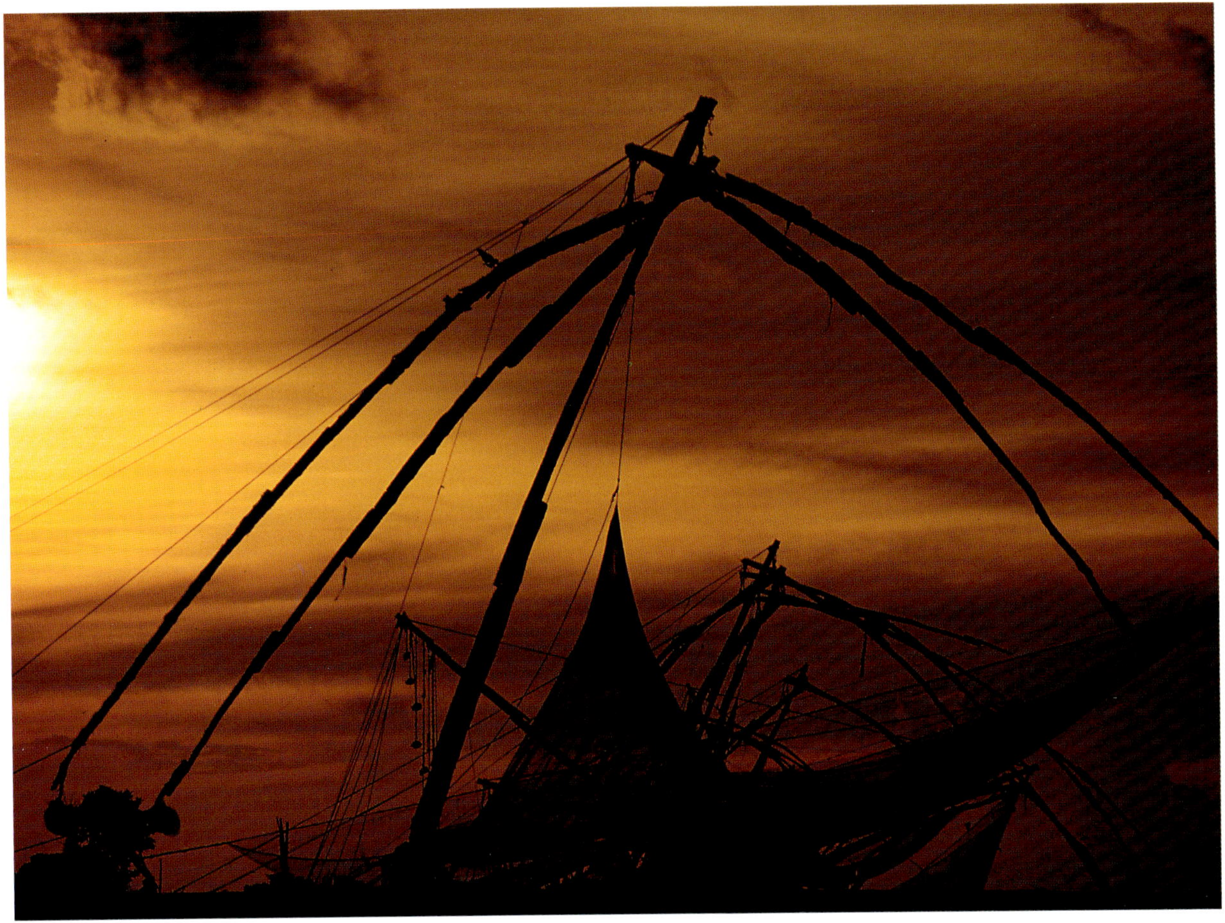

Stromaufwärts

Ich habe mich oft
nach neuen Ufern
gesehnt –
ohne die alten Gestade
verlassen zu wollen.
Mein Lebenstraum
geht nun in die Richtung,
die die Natur
für mich
ausgewählt hat –
stromaufwärts –
zu neuen Ufern.

Spätes Erwachen

Die Träume
von Liebe und Glück
sind allzu oft
in den Händen
zerronnen,
die forderten
und festhalten
wollten. –
Das, was uns beide
verbindet,
kann niemand mehr
zerstören.
Ein spätes Erwachen
nach einer langen Zeit
der Gleichgültigkeit.

Fehler von gestern

In Stunden,
in denen die Einsamkeit
mein Gast ist –
würde ich gerne
mit dir
über die Fehler
von gestern
reden. –
Doch
wenn du
mir dann
gegenüber sitzt,
ziehst du es vor,
zu schweigen. –
Wie damals.
Vielleicht hätte
ein Wort
von dir
genügt.

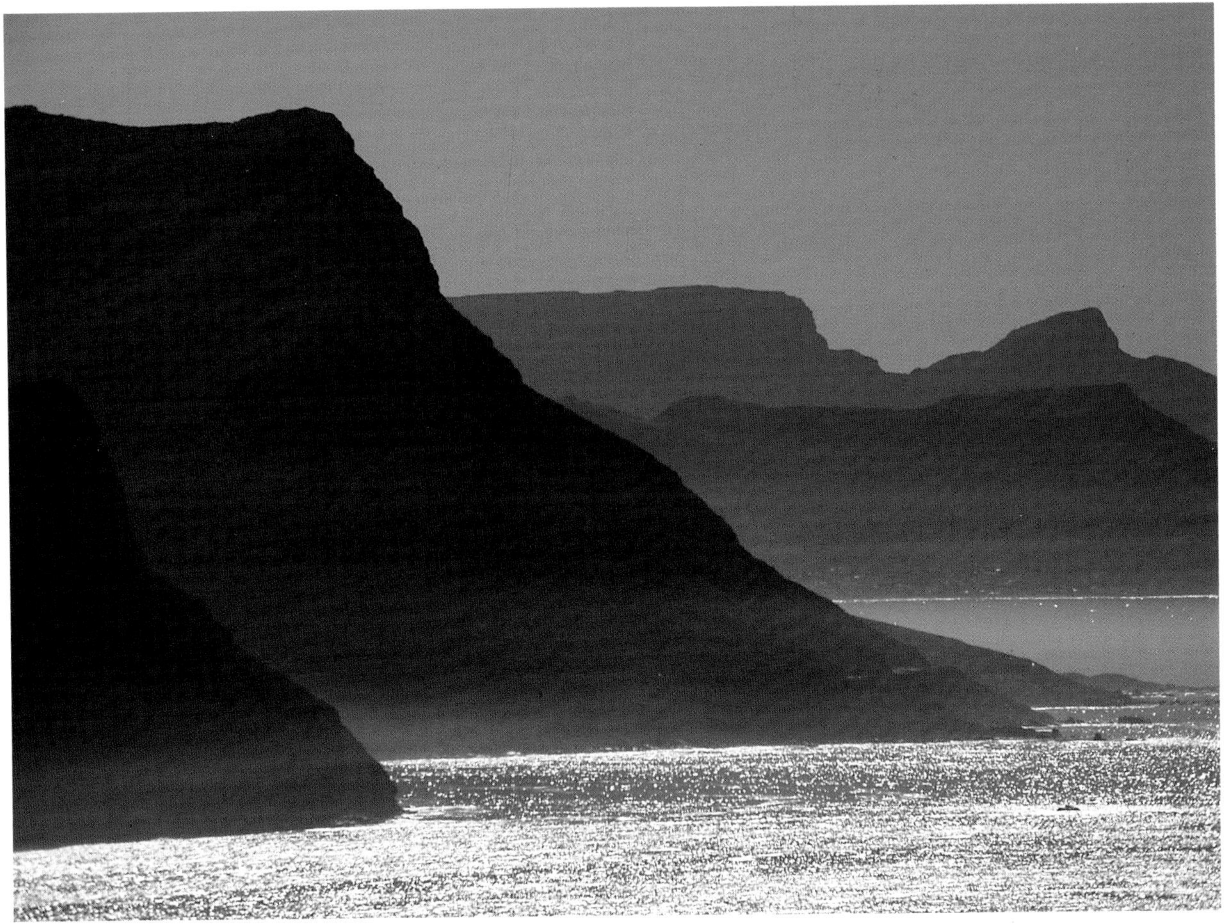

Für und Wider

Wer in der Liebe
zu lange
den Verstand fragen muß –
und sich fortwährend
das Für und Wider
überlegt,
der sollte
auf seinen Verstand
hören –
und die Finger
von der Liebe
lassen.

Für morgen

Das Gestern
habe ich überwunden –
das Heute
gelebt.
Nun bin ich frei
für morgen. –

Nichts neues

Ich will nicht mehr
auf der Flucht
sein –
vor mir selbst. –
In Angst
leben –
vor dem,
was war. –
Ich bleibe stehen –
lasse mich
von der Vergangenheit
einholen –
denn ohne das,
was war,
kann nichts neues
entstehen.

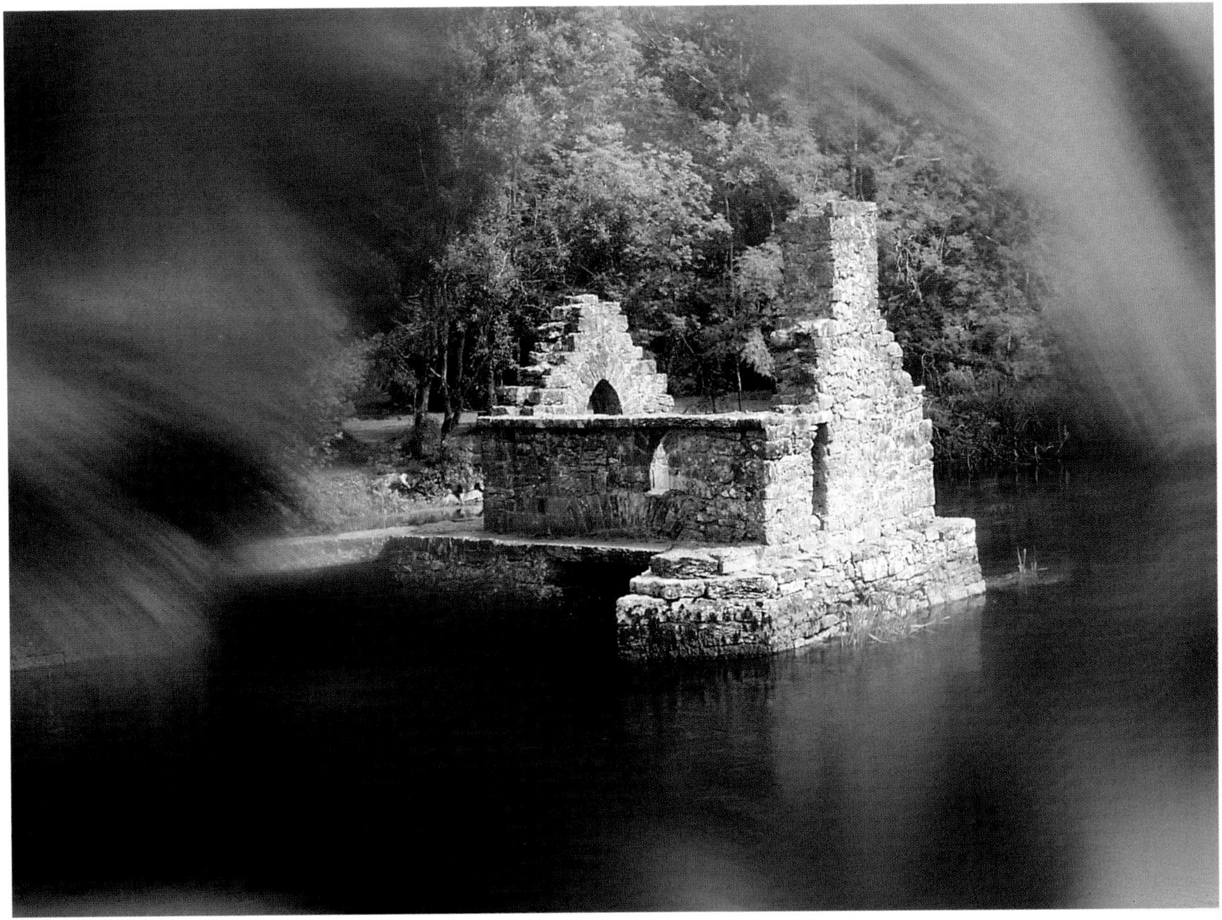

Natur

Ordnung und Chaos –
zartes Grün
und Zeugen des Zerfalls –
Leben und Tod
so nahe beieinander,
wie überall in der Natur.
Wann denken wir
eigentlich daran,
daß auch wir
nur ein Stück
dieser Natur sind?

LSD

In Ordnung

Ohne Bitterkeit
blicke ich
auf Zeiten zurück,
die mich
Jahre meines Lebens
gekostet haben.
Der Preis
war in Ordnung. –
Denn so
habe ich gelernt,
zufrieden zu sein. –

Deine Moral

Du redest
von Moral,
die du für dich
in Anspruch
nimmst. –
Ich werfe
einen Blick
in dein Leben –
und stelle fest,
du lebst nicht anders,
als ich.
Wo bitte bleibt da
die Moral,
von der du redest?

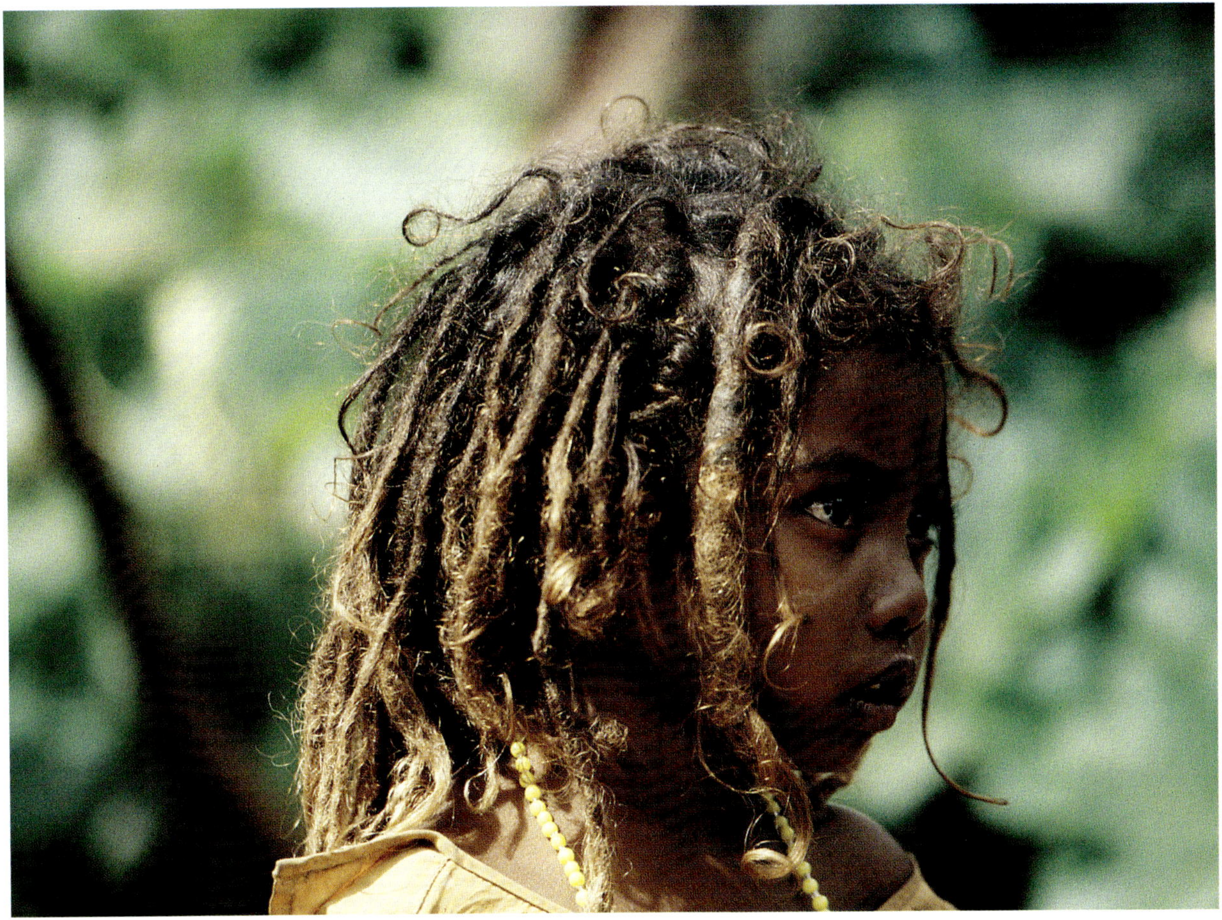

Einbahnstraße
– Unseren Kindern gewidmet, wo immer sie auch leben –

Du wirst den Weg
ins Leben
nicht mühelos
und ohne stolpern
gehen –
immer wieder
wirst du dich
in einer Einbahnstraße
finden.
Geh einfach durch –
und vergiß nicht,
ich werde da sein,
wenn du mich brauchst. –
Immer –
und überall. –

(Für Andrea, Margit, Roger, Veit und Christian)

Bitterer Ernst

Ich habe gelernt,
das Leben
ernst zu nehmen.
All zu oft
begegnete ich ihm
mit einem Lächeln –
aus dem dann später
bitterer Ernst
wurde. –
Es war ein
Zugewinn an Reife,
der mich heute
mit einem Lächeln
das Leben
ernst nehmen läßt.

Ein wenig Hoffnung

Ein bißchen Grün –
ein wenig Hoffnung
inmitten
zu Eisperlen
gefrorenen Tränen.
Tränen –
vergossen wegen
Einsamkeit –
Gefühlskälte –
Unmenschlichkeit –
Haß und Angst.
Kein schönes Bild
von uns Menschen,
wäre da nicht doch noch
ein bißchen Grün,
ein wenig Hoffnung.

LSD

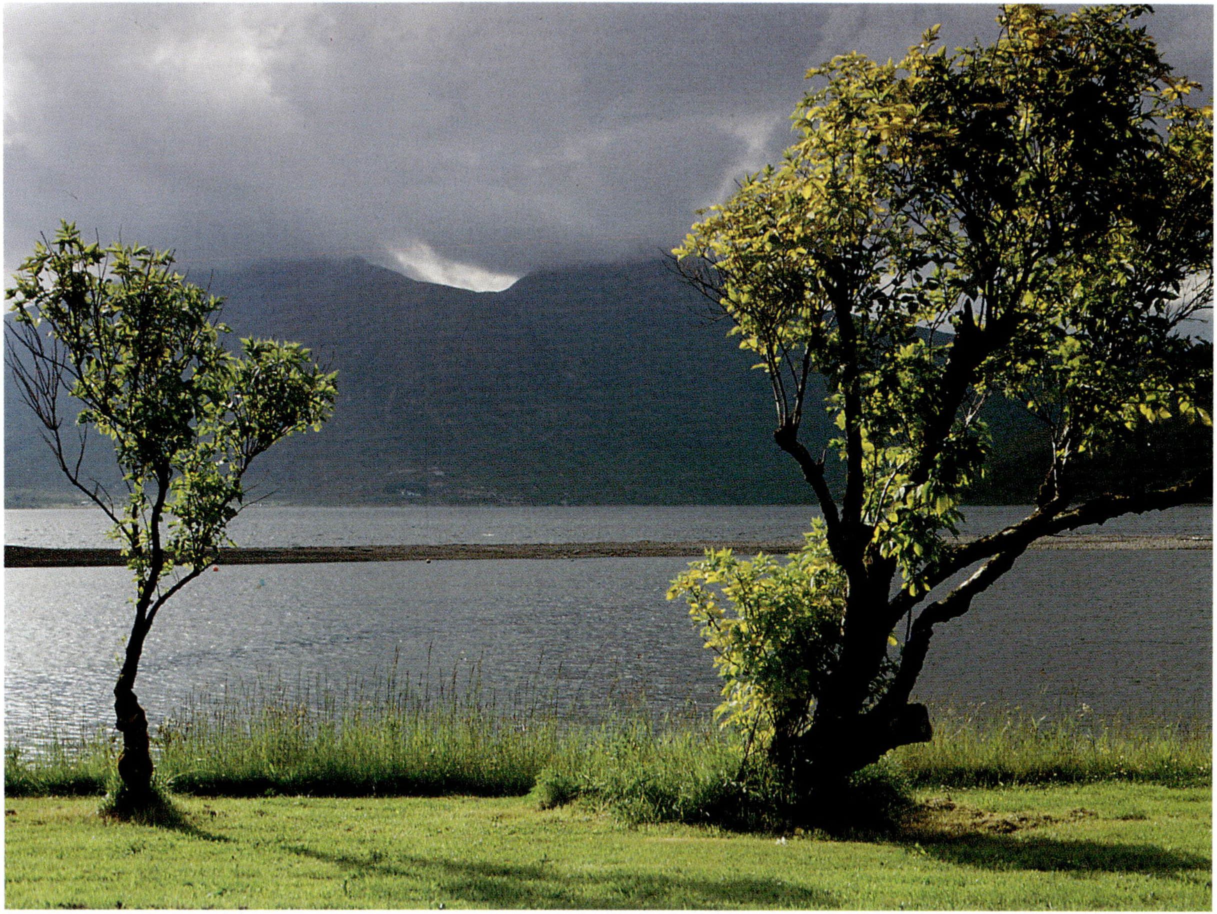

Neuer Anfang

Man kann alles
im Leben
drehen
und wenden,
wie man will.
Eines ist sicher:
am Ende
steht immer
ein neuer Anfang.

Wenn ...

Wenn
die Hoffnung
nicht wäre,
die Sehnsucht in uns,
nach dem Licht
hinter den Wolken,
wir würden
im eisigen Chaos
unserer Gefühle
sehr schnell
erfrieren.

LSD

Bruchstücke

Sorgfältig
lege ich
das zerbrochene Gestern
in eine Schublade –
Teile meines Ichs,
die kein Ganzes
mehr ergeben.
Bruchstücke
des Lebens,
die bei genauem
Betrachten,
niemals
ein Ganzes
waren. –

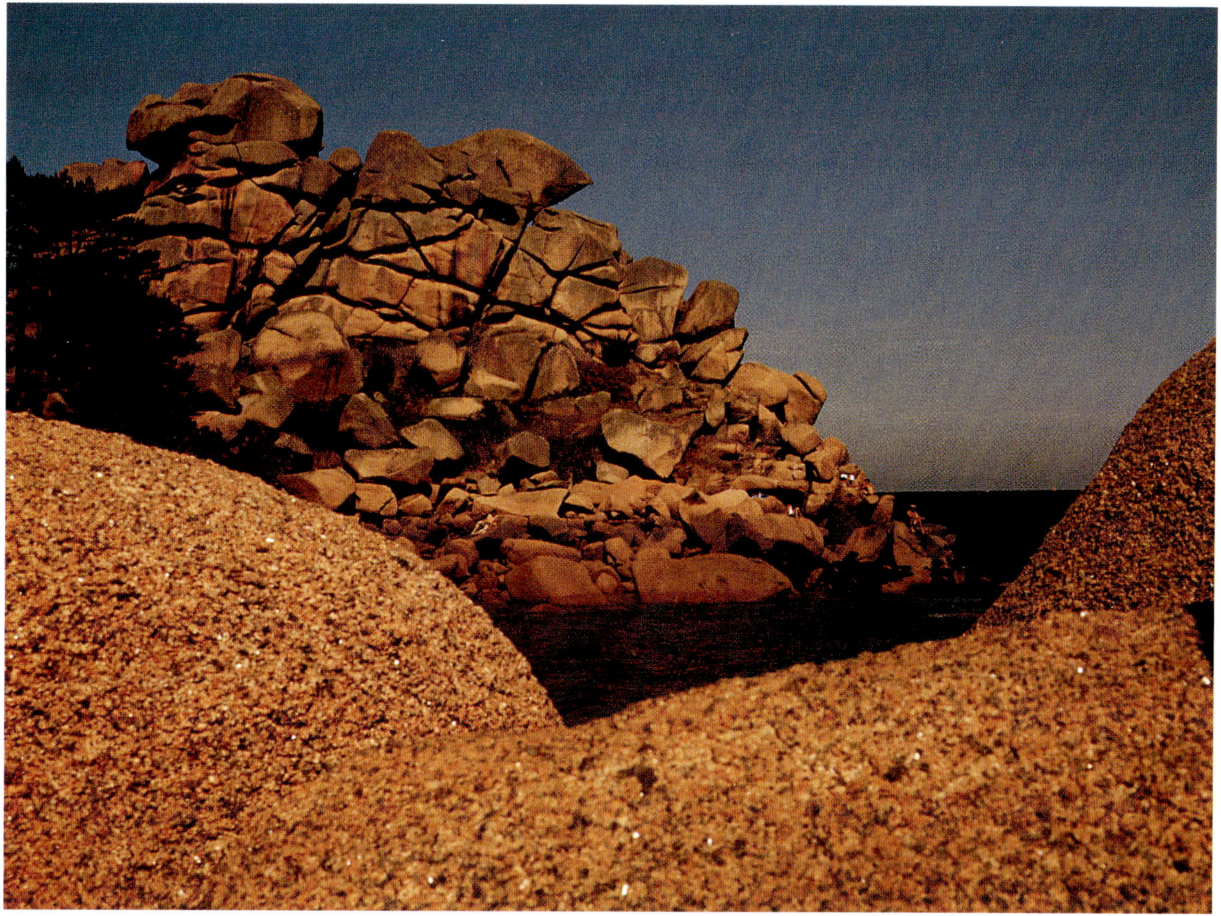

Unendlich

An alles
hatte ich gedacht –
nur nicht daran,
daß du gehen könntest.
Mit leeren Händen
stehe ich wieder
am Anfang
eines Weges,
der mir
unendlich erscheint. –
Doch nur
mit leeren Händen
kann ich die Steine
die auf diesem Weg liegen
besser
beiseite räumen –
und weitergehen. –

Zeitgefühl

Tausend Jahre
Zeit
würden nicht
ausreichen –
mich zu leben.
Also gebe
ich mich
mit der Zeit
zufrieden,
die mir bleibt.

Deine Träume

Deine Träume
kann ich dir
nicht erfüllen –
aber ich kann
dich
an der Hand nehmen
und
mit dir leben.
Deine Träume
erfüllen sich dann
vielleicht
ganz von selbst.

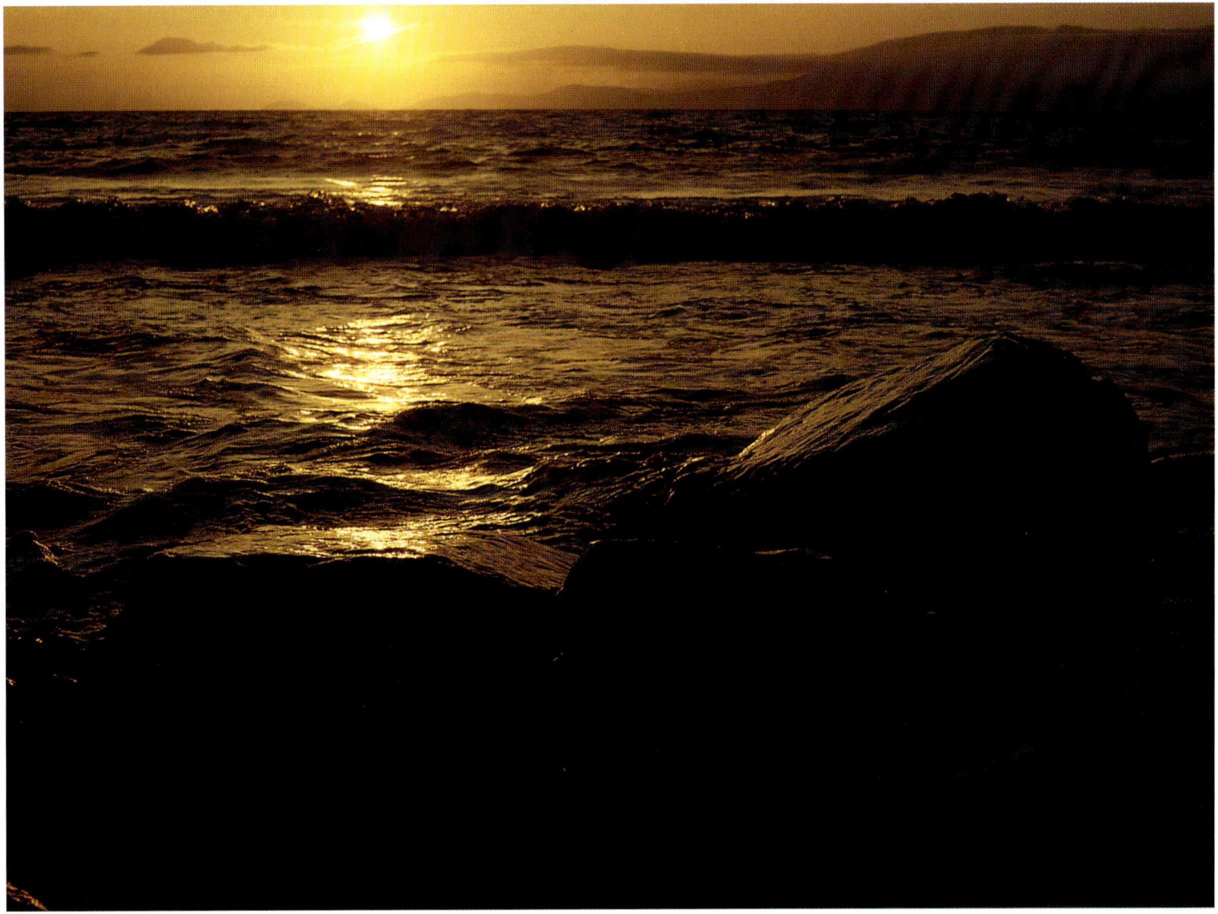

Verlangen

Ich spüre
deinen Körper –
deine Liebe –
dein Verlangen.
Und auf einmal
kann ich
mich
wieder spüren.

Nicht morgen

Komm!
Jetzt
bin ich bei dir –
jetzt
liebe ich dich –
jetzt
möchte ich dich spüren.
Nicht morgen!
Morgen
gibt es nicht
für Gefühle
von heute.

LSD

Bewegung

Ich warte nicht mehr
darauf,
daß sich etwas
bewegt,
sich festgefahrene Dinge
ändern.
Ich bewege mich –
und komme der Trägheit
zuvor,
die mich beinahe
an den Rollstuhl
des Lebens
gefesselt hätte.

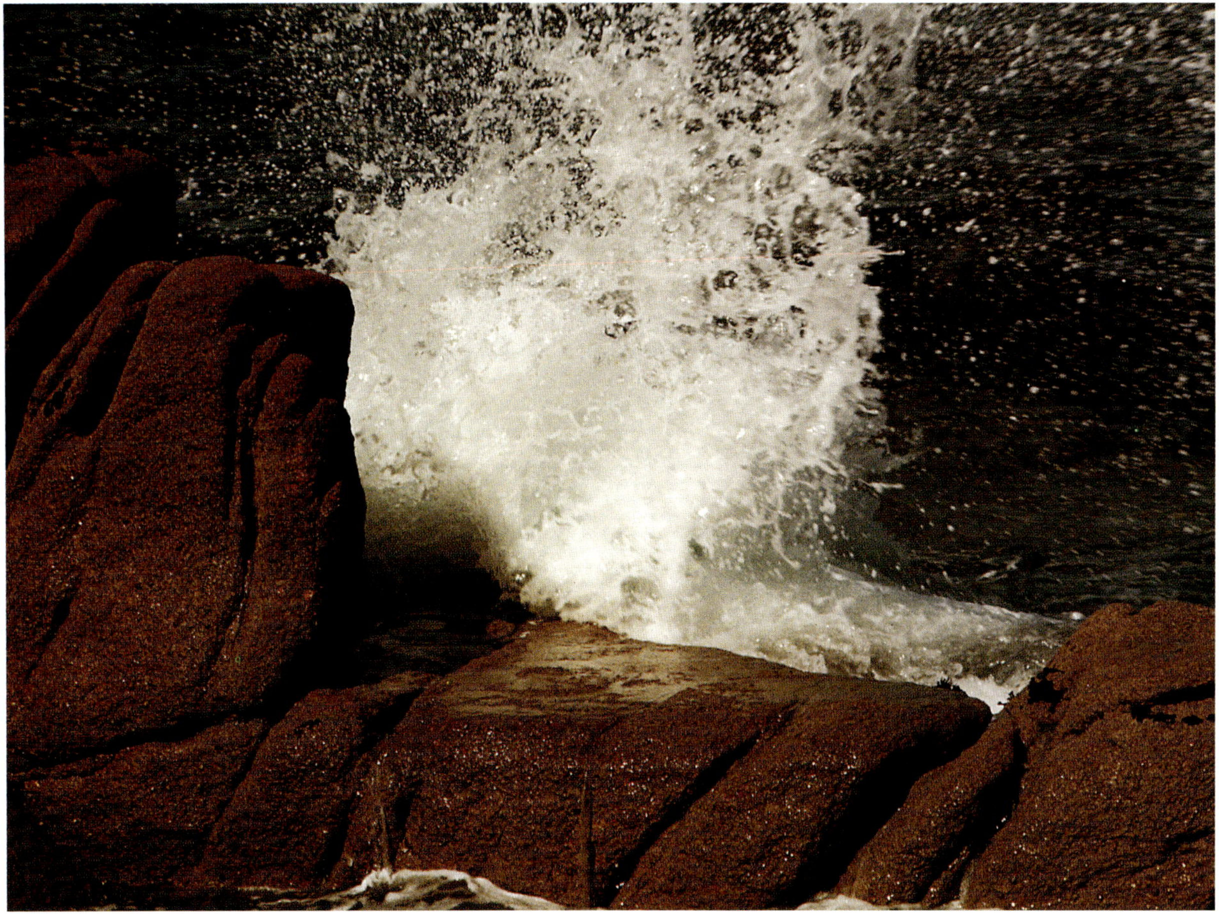

Fest im Leben

Mit beiden Beinen
stand ich bisher
fest im Leben.
Erstaunlich –
mit welcher
Leichtigkeit
du mich
zu Fall brachtest.
Ich falle
dir gerne
in die Hände –
und wünsche mir
noch mehr.

Kein Fundbüro

Du bist für mich
kein Fundbüro,
in dem ich
verpaßte Gelegenheiten
der Vergangenheit
wiederfinden will.
Nein –
du bist für mich
viel mehr
die Quelle
neuer Möglichkeiten.

LSD

Beinahe

Ich habe mich
für alle Gefühle
dieser Welt
geöffnet
und die Mauer
der Gleichgültigkeit
überwunden –
an der ich
beinahe
zerbrochen wäre –
denn Gleichgültigkeit
ist der Tod
aller Dinge. –

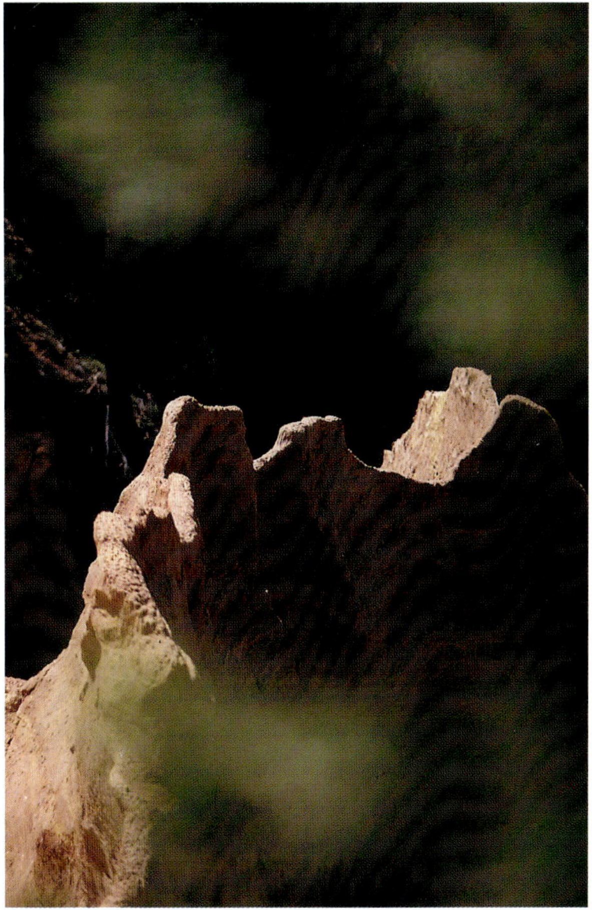

Gefunden

Du hast Mauern
zum Einsturz gebracht,
die meine Festung waren
gegenüber Menschen,
die nach kurzen,
schnellen Abenteuern suchten.
Sie haben nie begriffen,
daß die Seele
des Menschen
nicht käuflich ist.
Ich schenke dir meine –
mit dem Vermerk:
Gefunden.

Sprungbrett

Viele kleine Schritte
sind im Leben notwendig,
wenn man ein Ziel vor Augen hat.
Auch die Schritte,
die man zeitweise
rückwärts geht. –
Sie sind
das Sprungbrett,
auf dem Weg nach vorne.

Stille

Deine lauten Worte
können mich
nicht
verletzen –
doch deine stillen
Vorwürfe
verschlagen mir
die Sprache.
Wir haben verlernt,
uns
mit leisen Worten
zu verstehen. –
Nun herrscht
für alle Zeiten
Stille.

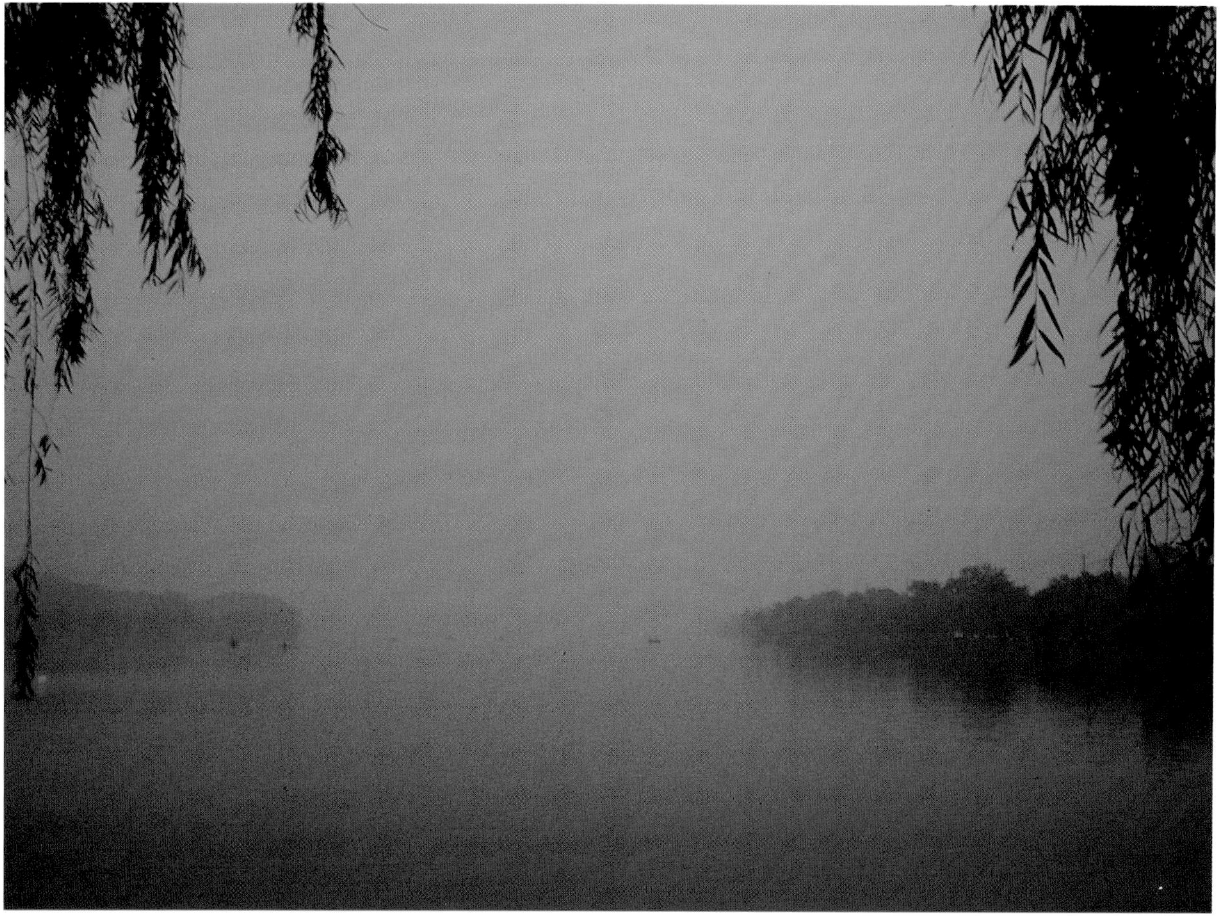

Einfache Dinge

Wir werden
so oft
daran gehindert,
ehrlich
zu uns selbst
zu sein –
dabei wäre alles
ganz einfach. –
Doch gerade
einfache Dinge
fallen uns oft
schwer. –
Denn,
wer berührt schon gern
sich selbst?!

Liebeserklärung

Wortreich
hast du mir
die Liebe erklärt.
Hat dir noch niemand
gesagt,
daß Schweigen besser wäre,
wenn man Gefühle
nicht leben kann? –

Gereift...

Ich bin am Leben
gereift –
an mir
gewachsen. –
Nicht über mich
hinaus,
eher in die Tiefe,
wie die Wurzeln
eines Baumes,
die mir Halt geben. –
Wurzeln,
die mein Leben
tragen –
und halten.

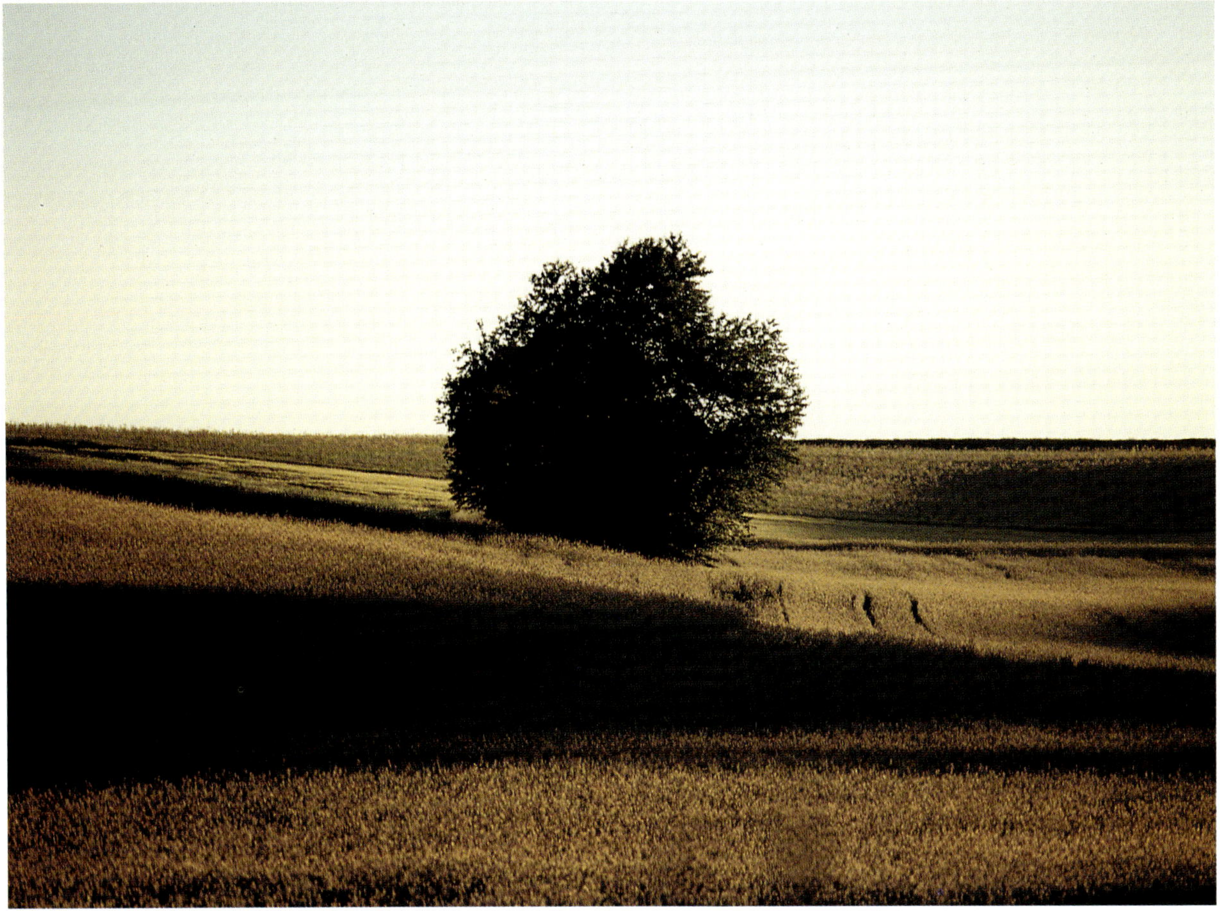

Hartberg – UKW & LSD

Deine Wurzeln erkennen
deine Sehnsucht begreifen
und sie dir lassen –
dich dort zu lassen –
und dich trotzdem
mitnehmen können
ist kein Widerspruch
für mich
denn
auch von mir
blieb ein Teil
mit dir – dort
wir sind
dort und hier
zu Hause.
Eine gute Basis

LSD

Lieblos

Für die Liebe
gibt es
keinen Fahrplan.
Wenn ich dich –
jemals –
nach Plan
lieben müßte,
wäre das
die Endstation
unserer Zweisamkeit
und der Anfang
einer
lieblosen Existenz.

Keine Tränen

Da sitze ich nun –
schaue dem Regen zu –
und hänge
meinen Gedanken nach. –
Erinnerungen
werden lebendige
Gegenwart. –
Der Regen rinnt
über mein Gesicht –
und erstaunt
stelle ich fest,
daß es keine Tränen sind –
sondern
Perlen der Vergangenheit. –

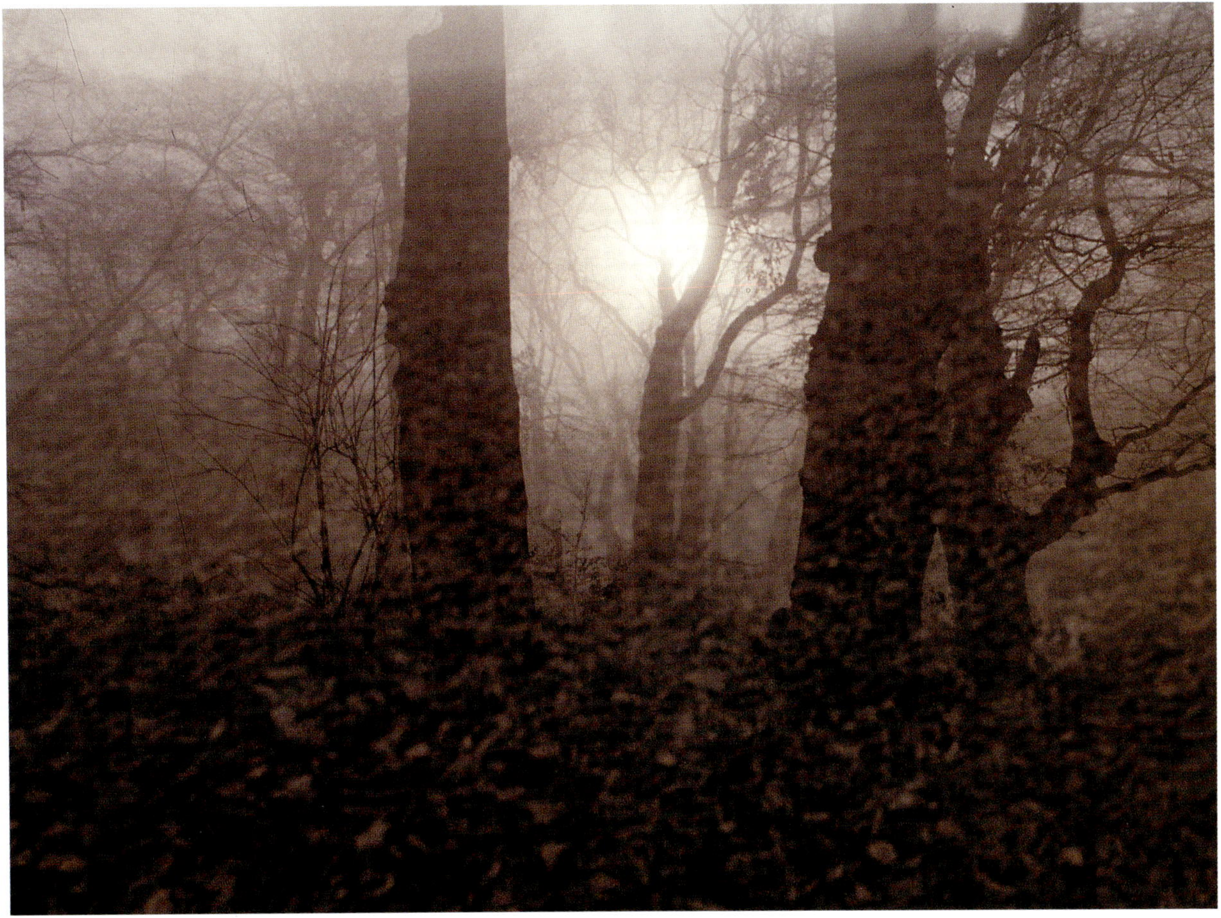

Erkennen

Jede Trauer
läßt uns
erkennen,
wie stark
wir doch sind.
Hätten wir sonst
gelernt,
dem Leben
mit Freude
zu begegnen?

Krieg

In der lauten Sprachlosigkeit
unserer Zeit
dröhnen
hunderttausend nutzlose
leere Worte
wie MG-Salven.
Sie töten
das letzte bißchen Stille
in das wir uns
wie in Schützengräben
zurückgezogen haben.
Sie schießen uns sturmreif
für Panzerangriffe
mit dem Giftgas
Gleichgültigkeit.

LSD

Frei bestimmen

Ich möchte
frei bestimmen,
was ich liebe –
und mir
niemals
eine Richtung
vorschreiben lassen,
in der man mich
gerne sehen würde. –
Eine Freiheit,
die ich
für mich
in Anspruch nehme.

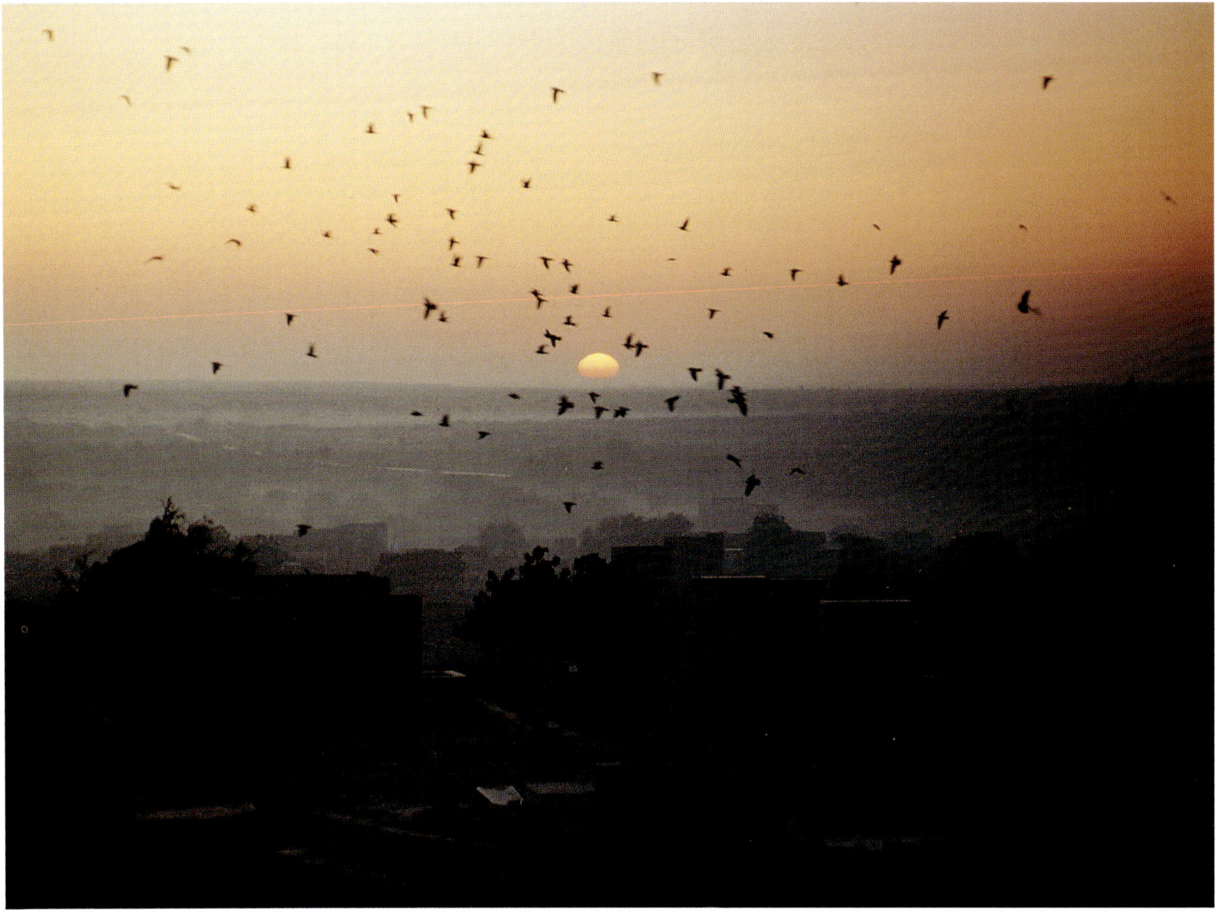

Meine Freiheit

Zerbrochenes Glas –
zersplitterte Träume –
zerredete Stunden.
An Worte gekettet,
die einengen
und das Leben
abschnüren. –
Du – bist für mich
ein Ganzes –
ein Traum –
eine Sekunde.
Bei dir bin ich
nicht an Worte
gebunden –
du machst
mich frei.

Ein bunter Drachen

Wie ein bunter Drachen
fliegst du
über meine Träume. –
Du liebst die Freiheit –
und übersiehst dabei
die Hände,
die dich halten.

Immer noch

Das Alte
ist gar nicht
so übel –
wenn es
mit Neuem
gemischt wird. –
Du wirst sehen,
ich bin
gebraucht –
immer noch
neu genug –
für unser Leben.

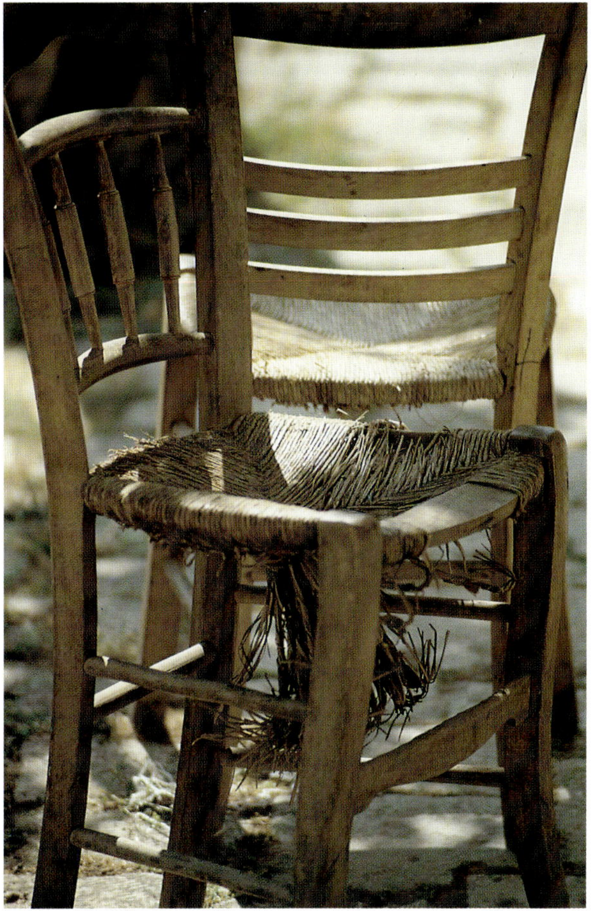

Aufgabe

Altes
muß Platz machen
für neues —
junges Leben.
Alte Gedanken
und Gewohnheiten
müssen wir aufgeben,
um nicht
im Gestern zu erstarren.
Nicht
das Leben aufgeben —
aber
eine Aufgabe
für das Leben.

LSD

Unterwegs

Wir
sind auf dem gleichen Weg –
auf der selben Wellenlänge –
und müssen nicht
krampfhaft bemüht sein,
in die gleiche Richtung zu gehen.
Wir sind
ohne einen Augenblick
des Zweifels –
unterwegs
in Richtung Leben.

Tausend Fragen

Irgendwann
im Alter –
möchte ich
mit dir
auf einer Bank
sitzen –
und über
die tausend Fragen
lachen,
die wir uns
einst
gestellt haben.
Sie haben sich
dann
von selbst
beantwortet.

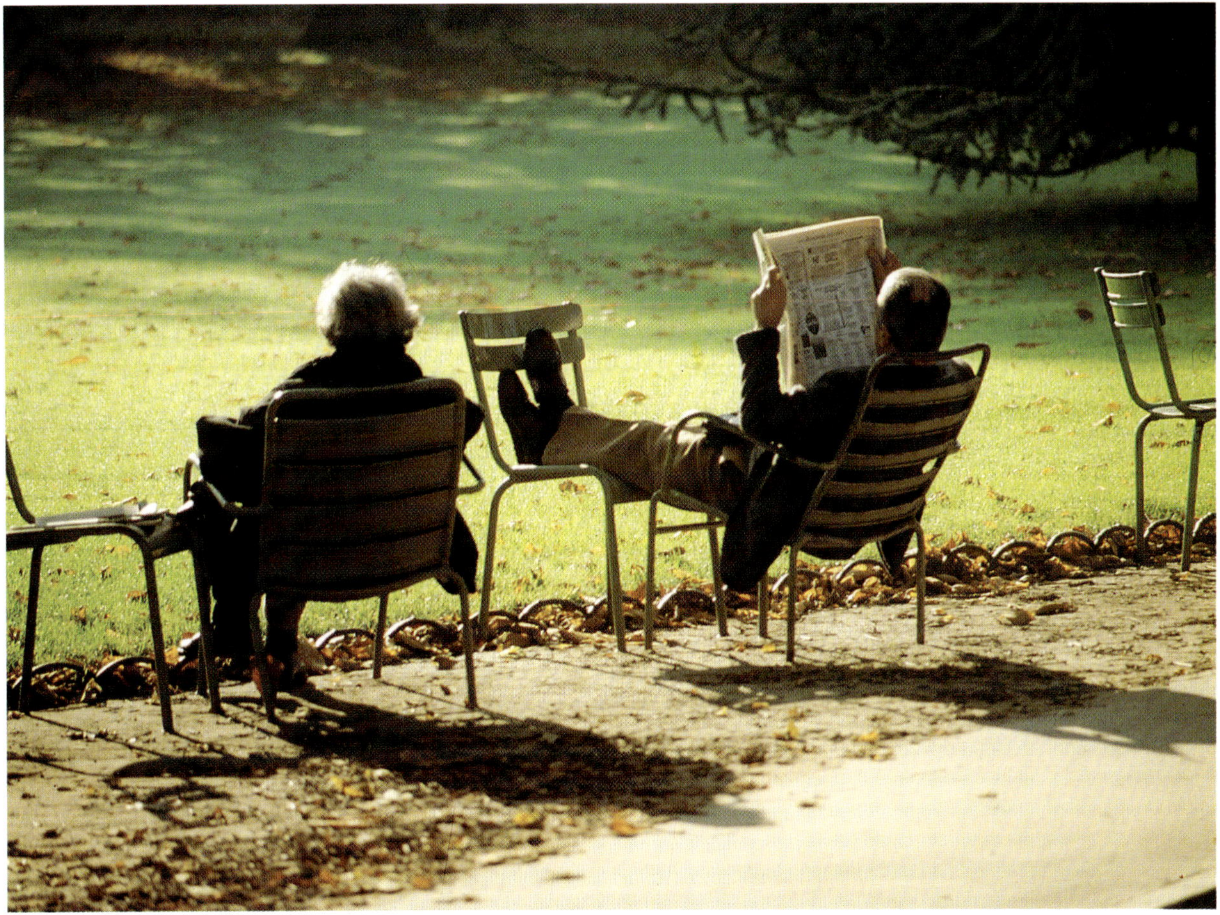

Antwort

Du stellst
mir keine Fragen —
aber du bist die Antwort
auf alles,
was ich dich
fragen wollte.

Keine Geduld mehr

Früher
hast du mir
jeden Wunsch
von den Augen
abgelesen.

Heute
liest du
nur noch
deine Fachzeitschriften.

Paß gut auf:
Papier ist geduldig –
ich nicht!

LSD

Endgültig

Ich möchte
in meinem Leben
immer wieder
am Anfang
stehen –
immer wieder
neu beginnen können. –
Dort,
wo das alte
wirklich
endgültig
zu Ende ist. –

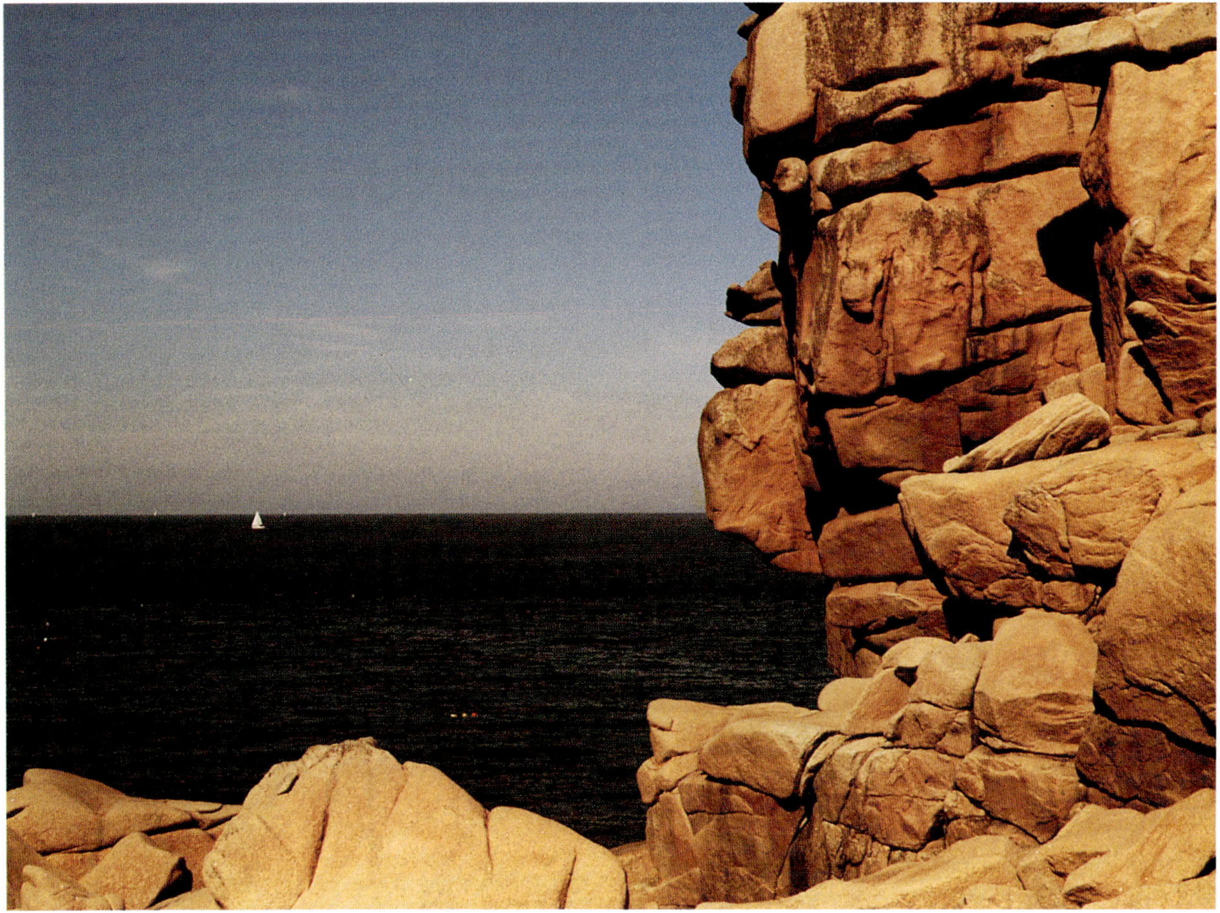

Stacheldraht

Mein Herz
ist nicht mehr
von Stacheldraht
umgeben –
ich habe es längst
in die Freiheit
entlassen –
damit es nie mehr
die Enge spürt,
die uns
so oft
in uns
gefangen
sein läßt. –

Freiheit mit dir

An der engsten Stelle
meines Weges
bist du mir begegnet –
und plötzlich
war wieder
sehr viel Raum –
für mich –
da.

LSD

Atem des Lebens

Nachts
holt es Atem –
das Leben –
wenn wir schlafen. –
Nachts,
weil wir am Tag
viel zu oft
atemlos
am Leben
vorbei rennen.
Nachts,
im Traum,
holt das Leben
Atem.

LSD

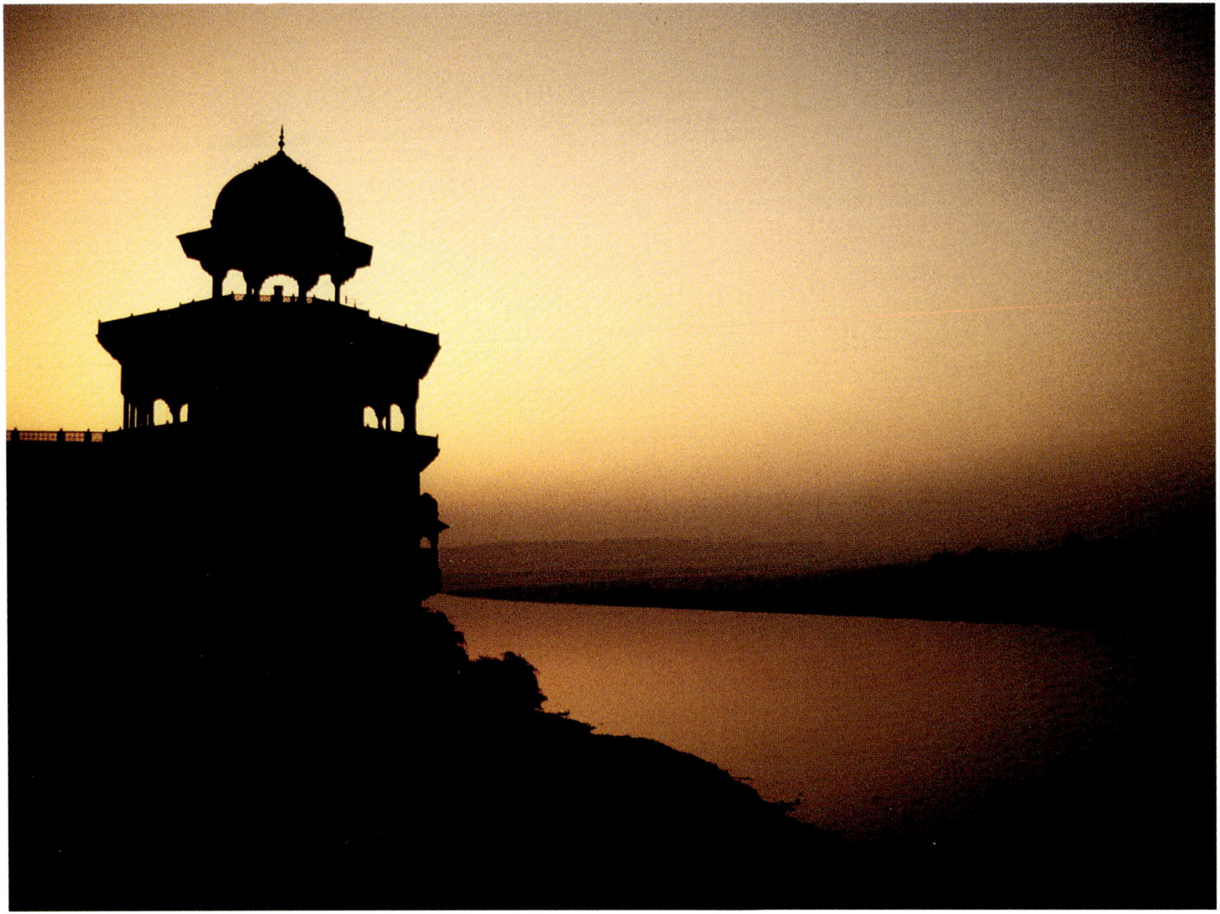

Bereitschaft
(Uns selbst gewidmet)

Wir haben
uns gefunden –
mit der Bereitschaft,
den Rest des Lebens
gemeinsam
und miteinander
zu erleben. –
Warum,
ist nicht wichtig –
wichtig ist nur,
daß
wir uns
gefunden haben.

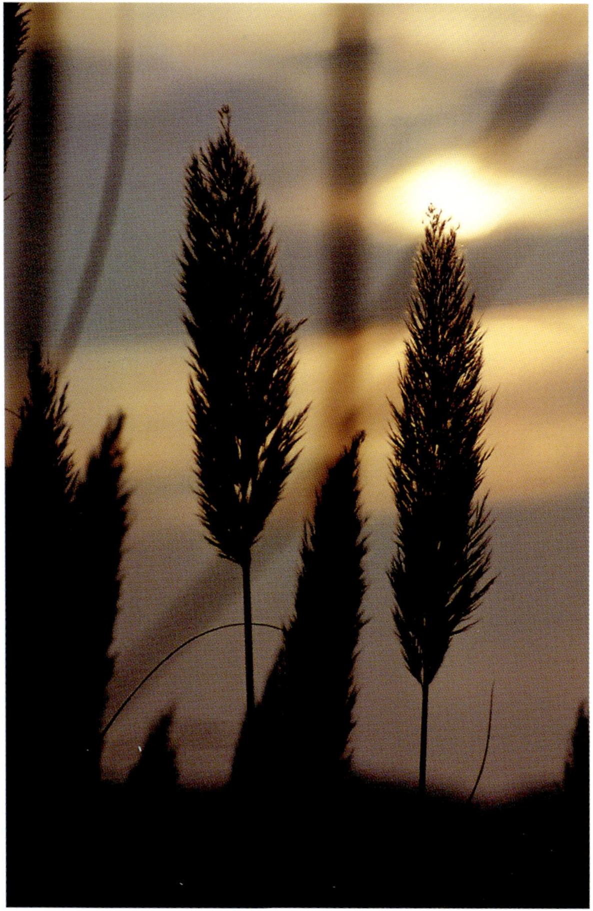

Für die Ewigkeit

Wenn es dich
einmal
nicht mehr
in meinem Leben
geben sollte,
werden dennoch
Blumen blühen
und
ein Licht
in der Dunkelheit
seinen Weg finden. –
Es wird
ein Lächeln
bleiben –
für die Ewigkeit. –

Reichtum

Ich möchte nicht
an eine goldene Kette
gelegt werden –
und nie dem Wahn verfallen,
alles besitzen zu müssen.
Ich habe dich –
das ist mir
Reichtum genug.

Mit vollem Risiko

Wir gehören
zusammen –
und ohne nach dem
Gesetz und der Moral,
die, ach so wichtig
auf dieser Erde sind,
zu fragen,
bestimmen unsere
Gefühle den Weg. –
Wo wir auch immer
ankommen werden –
wir haben den Mut,
ihn zu gehen.
Mit vollem Risiko . . .

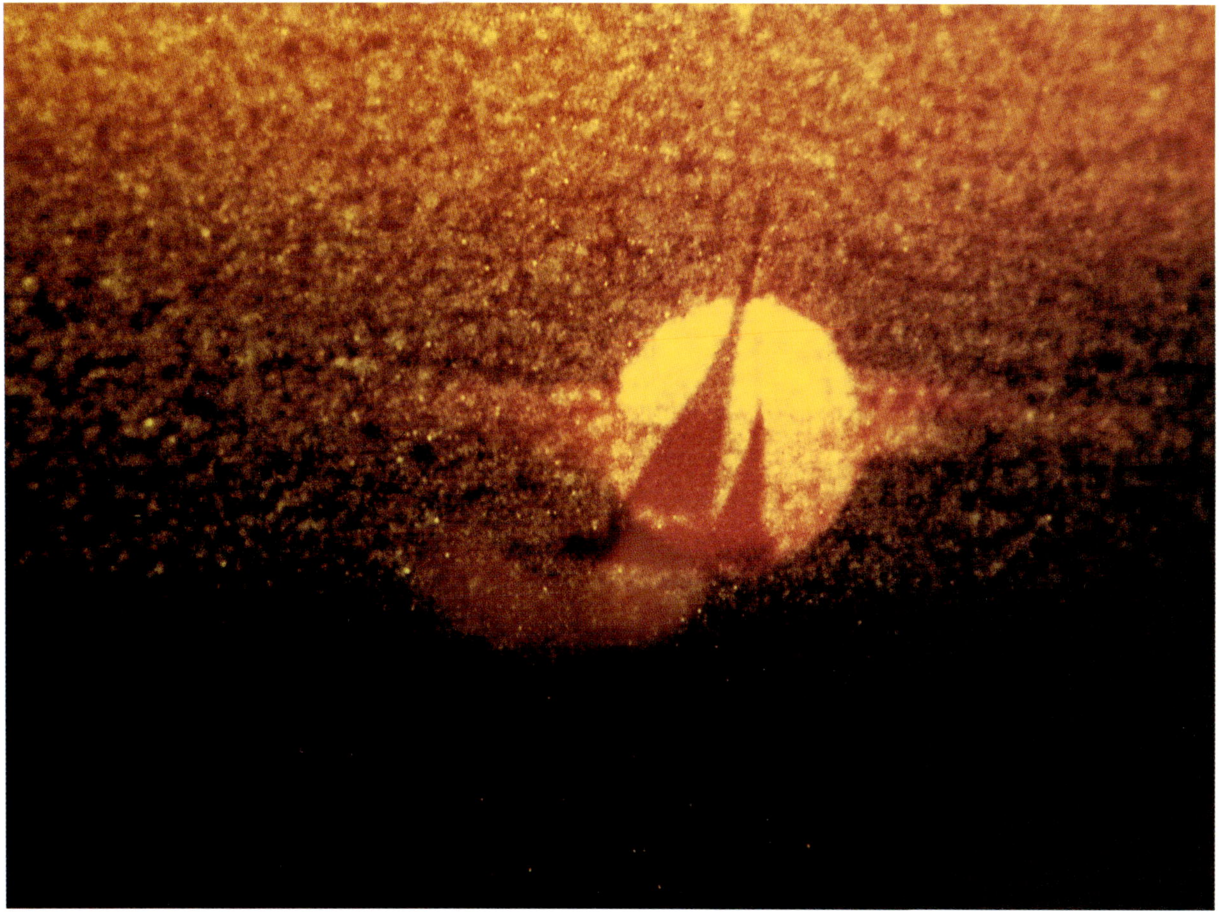

Ulrike Kielnhofer-Schultze:

„Am Anfang steht immer ein Gefühl, ein Gedanke, eine Lebenserfahrung. Meine Texte wollen berühren; mich dem Leser näherbringen."

Lutz R. Schultze:

„Zwischen Tag und Traum liegt die kurze Zeitspanne, in der wir – vielleicht – wirklich leben."

Gerhard Bolz

ist es hervorragend gelungen, unsere Gedanken in seinen Bildern optisch umzusetzen. Danke, Gerd.